L'INVENTORE DI LIBRI

Aldo Manuzio, Venezia e il suo tempo

初めて書籍を作った男

アルド・マヌーツィオの生涯

アレッサンドロ・マルツォ・マーニョ

清水由貴子 訳

柏書房

L'INVENTORE DI LIBRI
Aldo Manuzio, Venezia e il suo tempo
by Alessandro Marzo Magno

目次

初めて書籍を作った男——アルド・マヌーツィオの生涯

本を生業とする者、本で生きている者、本を愛する者へ。

「これは超人的な偉業だ。ヘラクレスにとっても！」

デジデリウス・エラスムス、アルドに対して

本は仲間であり、教師であり、魔術師であり、世界の宝の銀行である。
本は印刷された人類だ。

アルトゥル・ショーペンハウアー

第1章

アルドの足跡

　まさにいま、この瞬間、皆さんがしていることを考えてほしい――一冊の本を手にし、それを読んでいる。おそらく座っているか、寝そべっていて、もちろん黙っている。少なくとも、学校でクラスの皆に読み聞かせるよう先生に言われたときのように、大声ではっきりと読み上げてはいない。この行為（読書）をしているのは、楽しくて、なおかつ知識が増えるからだ。というよりも、楽しくなければ、知識を増やそうとも思わないにちがいない。

　皆さんの目を惹きつけているのは、重さ数百グラムの扱いやすい紙の平行六面体で、各ページにはくっきりとした優雅な文字が印刷され、ところどころにイタリック体の言葉が現われる（たとえば本のタイトルや外国語など）。文章は、ピリオド、カンマ、引用符、アポストロフィ、アクセントといった約物《やくもの》と呼ばれる記述記号によって理解しやすくなっている。こうした記号は私たちが本を読む際の道しるべとなり、文の区切りや序列（セミコロンはカンマより優れて*い*る）を示し、ふたつの言葉のあいだに紛れこんで文章を読みやすくしたり、アクセントの位置を示したりして、そのおかげで宿題もずいぶん楽になる。

おそらく皆さんは、書店の棚やカウンターで本書を見かけて手に取り、表紙をめくって扉を開き、タイトルとサブタイトルを読んで、著者は誰か、出版社はどこかを知ったはずだ。そしてタイトルに惹かれ、何ページかめくって目次に目を通し、詳しい内容を理解する。その時点で、買うか棚に戻すかを決めるわけだが、いま読んでいるところを見ると、本書は試験に合格し、皆さんはレジへ向かったにちがいない。

史上初の出版人、アルド・マヌーツィオの世界へようこそ。いまここに挙げたことは、すべて彼の功績だ。それ以前は、本を出すのは単なる印刷業者だった。売れそうな作品のなかから出版候補を選んでいたが、編集の過程は入念とは言えなかった。品質はなおざりで、揺籃印刷本《インキュナブラ》――印刷年が一五〇〇年以前の本――の誤植の数からは、こんにちもなお誤字脱字、活字の欠け、いい加減な校正刷りなどが見て取れる。だが、マヌーツィオの登場とともにすべてが変わった。ヴェネツィア・カ・フォスカリ大学で出版および本の歴史を研究するマリオ・インフェリーゼ教授によると、アルドは正真正銘の「近代出版業の考案者であり、明確かつ一貫性のある出版計画を持って本に接した人物」である。マヌーツィオは本を「この五世紀において、人類の知識の蓄積および伝達のための最も効果的な手段」とした。

フィレンツェ出身の貴族で、かの有名なフランチェスコ（ルネサンス時代のフィレンツェ共和国の歴史家、政治家で、メディチ派の重臣。歴史書の傑作と名高い『フィレンツェ史』『イタリア史』を記し、「近代歴史学の父」と呼ばれる）の甥に当たるロドヴィーコ・グイチャルディーニは、ベルギーのアントワープで暮らしていた一五六七年に『全低地地方の記録』を出版したが、その五十年前に死去したアルド・マヌーツィオに関する記述がある。「一般的な常識の持ち主であり（中略）出版物を真の意味で完璧なものとした。人々はアルド以外の本には見向きもしなかった。それほど彼の本は非の打ちどころがなかった。アルドを前にすると（中略）優美さや上品さとは無縁で、大柄、不格好、無作法という印象しかないが、才覚を発揮して機を逃さず、常識的な判断によって出版物の品質を向上させ、作業を簡易化し、（前述のとおり）手順と完璧な規則を確立した」。

アルドは驚くほど教養のある人物だ。古代ギリシャ語を流暢《りゅうちょう》に話し、ギリシャ語からラテン語へ、そしてラテン語からギリシャ語へ即座に翻訳し、ヘブライ語を勉強した。彼は明確な出版計画を考えていた――ギリシャ古典文学のギリシャ語による出版だ。その後、彼の計画はラテン語による古典文学や俗語の作品にまで拡大する。最も注目すべきは、国境を越えた人文主義だろう。何年ものちに、エラスムスがこう語っている。「たとえ自宅の書庫が狭い壁に囲まれていたとしても、アルドは世界そのものが国境となる書架を作りたいと考えている」。

アルドの目標はただひとつ、「読む価値のあるものはすべて出版する」ことだ。彼はけっしてあきらめなかった。その一方で、洞察力に富んだ実業家でもあった。金儲けのために出版業を始めたと言えば大げさだが、本で稼いだことは間違いない。その結果、自身も後継者たちも、そこそこ豊かな生活を送ることができた。現代でも編集者の特徴とも言うべきふたつの側面を結びつけたのは、アルドが最初だ――すなわち教養と起業家精神を。彼が出版業を始める以前は、商人とは違って、出版人と知識人に接点はなかった。

勉強熱心で、博識者たちのあいだですでに名声を確立していたアルド・マヌーツィオは、文人と商人とのあいだの偏見や無理解を取り除くことに成功した。それにより、出版と文化の双方の世界における革命の条件が整った。

本の誕生

ここで時間を遡って、一四九三年、すなわちマヌーツィオが出版を始める前年の書店をのぞいてみるとしよう。並んでいる本は、インクで印刷された紙でできているものの、前述のような私たちが見慣れた記号はほとんどない。ところが二十年ほどのちに、たとえばアルド・マヌーツィオがこの世を去る一五一五年に同じ書店に足を踏み入れると、見覚えのあるものに出会うだろう。きれいに読みやすく印刷された、ほどよい大きさの本に。

紙とインクを除けば、こんにち私たちにお馴染みの本を特徴づけているものは、すべてアルド・マヌーツィオが考案した。この教養があって洗練された人物のおかげで、五百年前の人々は、基本的にいまでも変わらないまま使われているものを手にした。そして「手にする」という表現は、文庫本の章で述べるが、文字どおり解釈してほしい。

マヌーツィオによって、それまでとはまったく異なる新たな本が誕生した。当時の人々にとって、印刷されたページは申し分ないもので、もはや古い手書きの写本に泣かされることはなくなった。アルド・マヌーツィオの「優れた本」は、写本の時代の終わりを告げた。綴じ合わされた長方形の羊皮紙がパピルスの巻物に取って代わった紀元四世紀から、じつに千年以上の年月が経っていた。

アルドが読書の必要性や娯楽としての読書を広めるに至った経緯については、のちほど見ていくとして、まずはこの出来事に文章の解釈、自由意志、意見の自由という考えが伴っていることに注目してほしい。いずれも現在では当たり前のことだ。本を読み、その内容について考え、気に入ったかどうか、読みやすいかどうか、退屈か、おもしろいか、興味深いかどうかなどを判断する。ところが十五世紀には、まったく異なる状況だった。古典から近代文学にいたるまで、出版される本には、ことごとく注釈がつけられており、出版人は二折判（紙を一度折っただけの本で、大きさは約四十×二十六センチ）の大型本の各ページの余白に、最低でも三、四つの注釈をモザイクのように挿入せざるをえなかった。

いわばハイパーテキストが挿入された文書のようなもので、これは事実上、読者が自分で内容を評価することを妨げた。言うべきことがすべて、古代の賢者によってあらかじめ言われてしまっているのだ。しかも、それに対して誰があえて反論するというのか。アルドは大胆な方法を選択した。本文を裸にし、それを取り囲んで窒息させるような注釈を抜いて、本来の形で出版したのだ。誰もが自分の感じるまま自由に解釈できるように。マヌーツィオは説明に縁取りされた文章という方式に終止符を打った。

この新たな本は、当時の人々にとって、さぞ画期的だったにちがいない。ひょっとしたら、その約四十年後に――建築の話になるが――アンドレア・パラディオが小尖塔や装飾だらけの赤煉瓦の代わりに、滑らかな白い石造りの四角い建物を建てはじめたときのように。アルドの始めた裸の文章は、パラディオが求めた建物の本質に触発されたものと同様の影響を引き起こしたにちがいない。これだけでもアルドによる刷新の重要性は明らかだが、まだほかにもある。さらにほかにも。

マーケティング

アルド・マヌーツィオには、セールス・プロモーションの力を見抜く聡明さがあった。彼をスーパーマンにたとえるとしたら、自身とその商品を売り出す類まれな才能の持ち主であるとも言えるだろう。彼は自分の思いどおりになる手段を用いた。代表的なのが献辞や序文だ。一見、本の献辞は不要に思えるかもしれない。こんにちでは、本は結局のところ——内容を除いて——一般的な商品だからだ。私たちは書店に入り、数えきれないほどの本を目にする。大きな書店であれば、その数は膨大だ。図書館に至っては百万単位で、場合によっては数百万冊にのぼることもある。ワシントンDCにある世界最大規模のアメリカ議会図書館の蔵書数は二千八百万冊以上だ。多くの場合、少なくとも一枚の壁は本で覆われ、一冊の平均価格は比較的手ごろで、大多数の人々が手に取ることができる。

だが、十五世紀末は違った。その四十年ほど前に発明された印刷本は稀少価値の高い新製品で、ほとんど出回っておらず、値段も手が出ないほどではなかったものの高価だった。したがって献辞は、アルドにとっては権力者との関係を深めるための手段であり、実際、このうえなく功を奏した。これほど緊密な関係を築くことができた出版人は、後にも先にもいない。神聖ローマ皇帝マクシミリアン一世をして「我が家族」と言わしめ、ルクレツィア・ボルジア（ルネサンス時代の貴族女性。フェッラーラ公アルフォンソ一世・デステ妃）は彼の遺言執行人となり、カンブレー同盟戦争の際にはフェッラーラに招く。ミラノ公ジャン・ガレアッツォ・スフォルツァの妃イザベッラ・ダラゴーナは、ギリシャ語の詩篇を献呈されている。なかでも注目すべきはカルピ領主アルベルト・ピオで、マヌーツィオは彼に対して、じつに十二冊も捧げている（ふたりの長い関係については後述）。

ヴェネツィア共和国がヨーロッパ列強の同盟軍を相手に戦ったカンブレー同盟戦争の勃発前夜には――このころにはすでに同盟内で対立が生じていたが――マヌーツィオはいまにも砲火を交えようとしている両軍の重要人物に本を献呈する。一五〇九年三月、ヴェネツィアにとっては致命的となるアニャデッロの戦いの二カ月前には、スフォルツァの腹心ヤコポ・アンティクアーリにプルタルコスを、サルッツォ出身のフランス貴族でミラノ公国上院議長のジェフロワ・シャルルにはホラティウスの詩集を献呈している（一五〇三年を除き、ミラノに関するアルドの献呈はこのときのみ）。一カ月後の一五〇九年四月には、すでに戦争は始まっていたが、ヴェネツィア軍の副司令官バルトロメオ・ダルヴィアーノにサルティウスを献呈する。軍人に対する献辞は、この一度きりだ。どちらに対しても、いい顔をしようとしていたのは明らかだった。いまで言えば、後先を考えない八方美人外交といったところだろう。

序文の役割

序文はアルドが残した文章で最も重要なものと言える。「真面目な文体のなかにも皮肉が入り混じり、ちょっとした逸話や気の利いた言葉がちりばめられ、批判と称賛を繰り出し、自分自身や世界について考察し、それゆえ我々の心をとらえて離さない」。いわば読者とコミュニケーションをとってアピールをするための手段である。「誤植を見つけても、どうか目をつぶってほしい」、「金や銀の壺がなくても、よく言うように、とりあえずは陶器の壺で満足しよう」。序文はアルドのイデオロギーで構成されており、共通善など、自身の考えを示す場だった。家に本を隠している者は「首をくくるべきだ」。「そのような世のためにならない浅はかな考えは苦しむに値する」。アルドは先駆者だった。文化は誰もが享受すべきであるという彼の主張は、フランス革命の時代になってようやく認められるようになる。

一方で、序文は予告にも利用された。「数学のシリーズもすべて刊行予定」(一四九七年)。「ダンテの近刊、乞うご期待」(一五〇一年)。直接親しく語りかける形式は友情にあふれていた。トレヴィーゾ、モッタ・ディ・リヴェンツァ出身の枢機卿で人文主義者のジローラモ・アレアンドロに対しては、「大いなる愛情をこめて」(一五〇四年)。「つねにともに過ごし、ともに生きることを望む」という言葉は、貴族で『日記』の著者、マリン・サヌードに宛てている(一五〇二年)。サヌードはヴェネツィアの年代記作家で、一四九六年から、死去する三年前の一五三三年にかけて、じつに三十七年間にわたって五十八巻の日記を書いた。これは十五世紀末〜十六世紀初めのヴェネツィアの歴史を知るうえで、最も貴重な資料と言えるだろう。アルドの友人であり、当時の主要な公共図書館のひとつで館長を務めていたサヌードについては、あらためて述べる。

そのころのヴェネツィアには数多くの書店が集まり、それを目当てに有力者たちが次々と訪れた。一四九〇年には、ヤヌス・ラスカリスがロレンツォ・デ・メディチのためにギリシャ語の本を求めてヴェネツィアにやってきた。ラスカリスが訪れたのは、ペトラルカの流れをくむ人文主義者で、エラスムス世代の師に当たるエルモラオ・バルバロの書庫だった。そして、ギリシャで十五年間暮らしたパドヴァ大学教授アレッサンドロ・ベネデッティは高価な写本を買い求め、サンティ・ジョヴァンニ・エ・パオロ聖堂のドミニコ会修道院（『ヒュプネロトマキア・ポリフィリ』（ポリフィルス狂恋夢）、詳細については後述）の作者とされる修道士フランチェスコ・コロンナが暮らしていた場所）の院長、ジョアキーノ・トッリアーノは、一四九〇年に没したハンガリー王マチャーシュ一世の図書館に所蔵されていた写本を購入した。ベッサリオン枢機卿の法典も、一四九四年からしばらくのあいだサン・ザニポーロ（ヴェネツィアにおけるサンティ・ジョヴァンニ・エ・パオロ聖堂の呼称）に預けられており、それらの本が一時的な委託から自身の図書館に寄贈されたことを、トッリアーノはさぞ喜んでいたにちがいない。ベッサリオン枢機卿はギリシャの人文主義者で、死去する四年前の一四六八年に、東ローマ帝国の写本をヴェネツィア共和国に寄贈し、それらは現在の国立マルチャーナ図書館の主要な蔵書となっている。

目録

こんにちでは出版社の目録を参照するのは当然だと思われているが、これもマヌーツィオの功績のひとつだ。アルドは一四九八年に初の刊行図書目録を発行し、そこに掲載されていたのはギリシャ語の作品のみだったが――当時は明らかに自分の興味があるものに限られていた――ときおり例外もあった。たとえば『デ・エトナ』は、おそらく著者ピエトロ・ベンボに対する友情と感謝から出版されたにちがいない。そして、もうひとりの友人アンジェロ・ポリツィアーノによる大きな二折判のラテン語文献は、フィレンツェの人文主義者の未発表の著作をまとめたもので、テーマ別に八つのセクションに十五タイトルが収められており、最も多いのは文法の五作品だ。

一五〇三年六月に発行された二冊目の目録では、ギリシャ語とラテン語の書籍、それに「便覧形式の携帯可能な本」すなわち文庫本（後述）を区別している。最後となった三冊目は一五一三年十一月に発行されたが、それまでとは異なり、新刊本の宣伝は掲載されていない。最初の二冊の目録は価格も最小限に抑えられているが、文房具商（本の販売者）がその価格を守ったのか、あるいはもっと高い値段で売ったのかは定かではない。だが、その手がかりは、クリストファー・コロンブスの息子フェルナンドのおかげでセビリアで発見された。一万五千冊の蔵書を誇る彼のコレクションは、十六世紀前半で最も注目すべきもののひとつである。

コロンブス・ジュニアは細かい性格の人物だったにちがいない。その証拠に、ほとんどの蔵書に購入した日付、場所、価格がメモされており、価格はスペインの通貨単位に換算されている。

それゆえ照合することが可能だ。さまざまな場所で購入された二十六冊のアルド印刷所の本のうち、十四冊に目録と同じ価格が記載され、十冊はコロンブスが支払った値段しかわからず、残り二冊は何の情報もない。

もうひとつ参考になるのは、フランチェスコ・デ・マーディの『日誌』である。これは一四八四年五月から一四八八年一月まで、ヴェネツィアのある書店で販売された二万五千冊のタイトルおよび価格が毎日記録されたものだ。このすばらしい価値のある手書きの資料は、現在マルチャーナ図書館に保管されている。記録はマヌーツィオが出版を始める六年前で終わっており、両者の扱うジャンルはまったく異なっていたものの、本の歴史学者は印刷書一冊ずつの費用を計算し、理にかなった価値を導き出した。

当時の物価が比較的安定していたことを考えると、アルド印刷所の本と『日誌』に掲載された本の価格を比較することは可能だろう。後者は五～十デナーロのあいだで、高価な紙を使う場合はさらに高くなった。アルドの大型本も同程度だが、文庫本は驚くほど高くなる傾向にあった。ギリシャ語の本のほうが明らかに高価で、一冊につき二十～三十デナーロ以上もしたが、ラテン語や俗語（イタリア語）は十一～十三デナーロほどだった。このことにより、これまでさまざまな研究で何度となく繰り返されてきたすべての伝説が打ち消される。すなわち、数百ページもの分厚い書に比べて数十ページの小冊子の価格がきわめて安いのは明らかだとしても、アルドの文庫本は廉価だったという伝説は真実ではなかった。いずれにしても、マヌーツィオは損得勘定に長けており、彼の手がけた本は出版までに何年も要したため、他の出版社の作品とかならずしも照合できるわけではないが、高い評価を維持していたと言えよう。

目次

アルドの遺産はまだある。現在では当然のように本に付属しているが、近代の出版業が生まれつつあった時代には影も形もなかったもの――目次である。インキュナブラには目次はおろか、ページ番号も振られておらず、せいぜいたまに見開きの紙に番号がつけられている程度なので、我々研究者は〝r（奇数）〟と〝v〟（偶数）で区別しなければならない。おかげで当時はＤＩＹに時間を費やすはめになった――必要に迫られた者が手書きでページ番号を振り、独自の目次を作成していたのだ。ポリツィアーノも、おもに重要な名前を挙げるために、そうした目次を作成していたひとりだった。

そして、忘れてはならないのがマヌーツィオだ。教師である彼にとって、分厚い本全体で正確な箇所を見つけ出すことは重要だった。さらに、印刷本がそれまでになかった新たな問題をもたらした。そのひとつが誤植だ。手書きの場合、筆記者によるミスは、その後の写本でも修正されずに、そのままになる可能性が高い。ところが印刷の誤植は、何百という発行部数のせいでみるみる増える。ルネサンス時代の印刷者は、印刷の段階でミスを発見すると、そのページを差し替えることはせずに――紙は高価だったため――次の版で修正するだけだった。その結果、同じ本でも多くの箇所が異なる状態となる。言葉の抜けを一冊ずつ手書きで補う場合もあった。一四九八年前後に出版された『詩篇』の何冊かは、このような方法で――おそらくアルドの手によって――修正されている。そこで新たな必要が生じた。誤植を書き出し、訂正だけでなく、それを挿入する箇所を記したリストを作成する。その際に役立つのが目次だった。

この正誤表の重要性を理解していたアルドは、すでに最初に出版したギリシャ語の文法書（『質問集』一四九五年）の巻末にリストを添付している。そして、すぐに次なる目標を掲げた――その後、二十年近い活動で試行錯誤を繰り返すこととなる物価スライド制の実験だ。

マヌーツィオの指示には、正誤表に関する新たな工夫が含まれている――訂正を行なう正確な行数を参照すること。ページには番号が振られていないため、この方法はとにかく煩雑だった。そこで一四九九年、アルドは画期的なページ番号をはじめて採用した。紙ではなく、ページに番号を振ったのだ。これにより、各紙面の左右に区別するための数字が印刷されるようになった。その結果、ラテン語の書籍（ニッコロ・ペロッティ『コルヌコピア』）は言うまでもなく、六百四十二ページにも及ぶ二折判の大型本も恩恵にあずかった。さらにマヌーツィオは行にも番号を振ったため、目次には二種類の番号が併記される――ページ番号と行番号。言うまでもなく複雑（そして高価）であるものの、私たちが現在使用しているものに比べて、はるかに効率的かつ正確なシステムだ。

アルド自身、この膨大なリストを理解しており、実際、大扉で「これ以上ないほど豊富な目次」と誇らしげに宣伝している。このおかげで、目当ての箇所を探し当てるのに一ページずつ、あるいは一行ずつ目を通す必要はなくなった。アルドは次のようにも説明している。「ギリシャ語とラテン語をまとめた目次を用意したが、ラテン語とギリシャ語は好みに応じて簡単に分けることができるので、どうかご安心を」。

とはいうものの、新たな工夫は次々と盛りこまれたわけではなかった。たとえば、文庫本の初版にはページ番号が記されていなかった。その証拠に、現存する本の多くには、所有者の手で書き加えられた番号が振られている。ほとんどの場合、アルドが番号をつけたのはラテン語や俗語ではなくギリシャ語の書籍で、アラビア数字を使うこともあれば、ローマ数字を使うこともあった。エラスムスの『格言集』には当初、膨大な目次がつけられていたが、バーゼルで出版された次版以降、著者はもっと簡素な目次にするよう求めている。文庫本も含め、標準的にページ番号が付与されるのは一五〇九年になってからだが、一部の版はその後も紙の番号のみが挿入されたままだった。アルドが継続的に試みたことを後継者が忠実に実行する。そのようにして少しずつ、しかし確実に近代の書籍へと歩みを進める。ヴェネツィアでは、ドイツ人のエアハルト・ラートドルトによって実験的に始められた本の大扉も、アルドの印刷所で刷られる本にはつねに挿入されるようになる。

このように、マヌーツィオは本の世界に革命を起こし、その足跡を永久に刻んだ。たとえ自分では気づかなくても、私たちは皆、ある意味ではアルドの子孫だと言える。この革命については、以降の章で詳しく見ていくが、その前に、ルネサンス時代のヨーロッパでこれほど大きな変化が起きうる場所はひとつしかなかったことを理解しなければならない。それはヴェネツィアだ。

本の首都

アルド・マヌーツィオはヴェネツィアに移り住み、そこで出版業を始めた。移住した理由も、出版業を選んだ理由も定かではないが、ひとつだけ言えるのは、ヴェネツィアの地でなければ、彼は歴史上初の出版人にはなれなかったということだ。共和国であるヴェネツィアは、ヨーロッパで唯一、さまざまな制限を伴う宮廷のない都市だった。さらには胡椒をはじめとして、新たなものを積極的に商品化する風土もあったが、その半面、ヴェネツィアに批判的な人文主義者には手厳しい対応を辞さなかった。

十五世紀末以前の「ドミナンテ」（ヴェネツィアの別称）では、百五十～二百台の印刷機が稼働し、当時のヨーロッパ全体で出版されていた本の十五パーセントを出版していた（三万冊中、四千五百冊）。部数は百部から二千部までの幅があった。この割合は、やがてヨーロッパ全土のおよそ半数にまで上昇する。イタリアに活版印刷が伝わった一四六五年から一五二五年までの六十年間で、ヴェネツィアで出版された本はイタリア全体の発行部数の半分を占めた。一五二五～五〇年には三分の二、一五五〇～七五年には四分の三に達する。あまりにも大幅な増加は、エラスムスをして、パン職人より出版人になるほうが簡単だと言わしめた。とはいうものの、出版人には悲哀がつきものだ。「この哀れな仕事においては競争相手の理不尽な恨みを買うせいで」不安の種が尽きない。

文献学者で、長年パドヴァ大学でイタリア文学を教えていたヴィットーレ・ブランカは次のように書いている。「印刷所はヴェネツィアをヨーロッパ人文主義文化の交差点とし、奇跡的な〝本の道〟を開いて、すでに廃れていた〝香辛料の道〟に――少なくとも部分的に――取って代わった（一四六九年から一五〇一年にかけて、人文主義関連の書籍を中心に約二百万冊が出版された）」。十五世紀末までにヴェネツィアで出版された四千冊のインキュナブラは、パリの二倍だ。一四九五～九七年の二年間で――このころアルドはすでに自身の印刷所を開いていた――ヨーロッパで出版された作品は千八百二十一冊。そのうち四百四十七冊がヴェネツィアで、パリは百八十一冊と二番手に甘んじている。

出版業の興隆のきっかけとなったのは、皮肉にも、一四六九年にヴェネツィアに印刷技術を伝えた人物――ドイツ人のヨハネス・フォン・シュパイヤー（イタリア名はジョヴァンニ・ダ・スピーラ）――の死だった。彼は二冊目となるプリニウスを出版した一年後、三冊目の聖アウグスティヌスの刊行に向けて準備をしている最中にこの世を去った。この本は弟のヴェンデリンによって出版されたが、ヨハネスの死によって、彼の印刷所に認められていた事業の独占権が消滅した。以降、誰でも出版業を始めることが可能となる。そして、誰もが始めた。

十六世紀前半のヴェネツィアは、間違いなく出版の都だったが、同時に消費の中心地でもあり、全世帯の十五パーセント、聖職者の三分の二、中産階級の四十パーセント、貴族の二十三パーセント、庶民の五パーセントが本を所有していた。個人の蔵書では、当時の最大規模を誇るものがいくつかあった。ドメニコ・グリマーニ枢機卿は一万五千冊、マリン・サヌードは六千五百冊をそろえている。一四九一年にアクイレイア総大司教の座についてヴェネツィアから追放され、一四九三年に死去したエルモラオ・バルバロのギリシャ語の蔵書は、数ある書庫のなかでも群を抜いていた。まだある。一五三七年には、ヤーコポ・サンソヴィーノが公共の書架、すなわち初の国立図書館（個人のコレクションではなく、一般に利用可能であるという意味で）の実現に乗り出した。それが現在の国立マルチャーナ図書館である。

こうした状況の背景には、豊富な資金、活発な商業活動、出版の自由、こんにち「人材」と呼ばれる担い手の存在などがある。十五世紀後半には資本が自由化され、貴族は国外取引への投資をやめ、ヴェネツィア共和国が征服して統治下に置いた後背地に農業用地を獲得しはじめた。だが一方で、生産活動に対する出資を軽んじたわけではない。そのなかに出版業も含まれていた。

本の印刷は、とりわけ圧印機（鋼）や活字（鉛、錫、アンチモンの合金）に必要な金属のコストによって資本集約度が高い。また、本はすでに国家が確立していた交易路によって他の商品とともに運ぶのに適している。ヴェネツィアでは多種多様な言語の本が出版されていたため、大量の本が各地へと運ばれた。

ヴェネツィア共和国と教皇の対立に加え、ローマの異端審問所が数十年間にわたって閉鎖されているあいだに、ドミナンテの印刷所は——マヌーツィオの後を追うように——カトリック教会に目の敵にされていた本を手がける。ドイツやボヘミアの改革派の書物、史上初のポルノ本（ピエトロ・アレティーノ『色情ソネット集』一五二七年）、そして『タルムード』。このユダヤ教の聖典が、一五五三年十月、サン・マルコ広場で行なわれる初の大がかりな焚書の主役となるのは偶然ではない。その様子は時を経ずして、教皇大使ロドヴィーコ・ベッカデッリによって教皇ユリウス三世に伝えられた。「今朝、サン・マルコ広場に大きな炎が上がりました」。ヴェネツィアには、「本の金型」とも言うべきものがすべてそろっていた――版画家、製本職人、インク工、印刷工、校正刷りの修正に協力できるパドヴァ大学の学生。そして何よりも紙が豊富だった。

紙を作るには、豊富に流れるきれいな軟水が必要だ（それがなければ黄ばんでしまう）。それゆえ街では製造できず、スタート・ダ・テラ、すなわちブレンタ川とアーヴェ川流域およびガルダ湖周辺で作られていた。そして、製紙過程で利用されたこれらの川が、紙の運搬の主要経路としても利用されていた。

近くにはパドヴァ大学があり、卒業するために勉強が義務づけられていたため、本の需要は高かった。また、行政官を目指す若者が通うヴェネツィアの二校の公立学校も貢献している。彼らは貴族または中産階級の子弟で、国の役人の大半を占めていた。人文主義および倫理学を研究するサン・マルコ学校と、哲学、自然科学、数学を究めるリアルト学校である。

外国人

十五世紀には、写本の販売の中心地はフィレンツェ共和国だった。このトスカーナ地方の都市は、ルネサンス時代のイタリアにおいて金融業でも栄えていた。したがって理論的には、アルノ川流域のほうがカナル・グランデの両岸よりも資金に事欠かなかったにちがいない。だが、フィレンツェは昔からフィレンツェ人の街で、せいぜいトスカーナの人々が入りこめる程度だった。それに対してヴェネツィアは、しばらく前から外国人の街となり、代々この街に暮らしている貴族を別にすれば、多くの移民が受け入れられていた。十六世紀初頭に活躍した年代記作家ジローラモ・プリウーリが、サン・マルコ広場には政府特使の貴族がいるが、「それ以外はすべて異邦人で、ヴェネツィア人はほとんどいなかった」と記しているのも偶然ではない。ゴンドリエーレなどの伝統的な職業でさえ、十五世紀末の一覧表によれば、ヴェネツィア人はかろうじて全体の半数程度で、それ以外の漕ぎ手は大陸領土《テッラフェルマ》（ほとんどがガルダ湖のブレッシャ側の湖畔）かダルマチア（クロアチアのアドリア海沿岸地域）の出身だった。

　出版業界も例外ではない。当時の出版人の大半は移民で、アルド・マヌーツィオのようにイタリアの他の地方から来た者や、前述のドイツ人ヨハネス・フォン・シュパイヤー、フランス人のニコラ・ジャンソンといった外国人がいた。なかでもシュパイヤーは、当時絶大な人気を誇っていた画家アントネッロ・ダ・メッシーナの美しい娘、パオラと結婚した。これは出版人という職業の社会的地位も収入も高いことを示している。

　ヴェネツィアには組織化された共同体があり、そのうちのいくつかは、それぞれの礼拝所や信心会とともに現在まで存続している。ギリシャ人、アルメニア人、ユダヤ人、ドイツ人、ダルマチア人などだ。つまり十五〜十六世紀のヴェネツィアには、当時普及していたほぼすべての言語で、その言葉を母国語とし、文を書いたり修正したりできる教養人を見つけることは容易だった。その結果、初のギリシャ語の本（一四八六年）、アルメニア語の本（一五一二年）、キリル文字のボスニア語（一五一二年）、スラブ圏最古のアルファベット、グラゴル文字による二冊目の本（一四九一年）、三冊目のチェコ語の本がこの地で出版される。さらにヴェネツィアの印刷機からは、初の俗語（イタリア語）による聖書（一四七一年）、初のラビ聖書（一五一七年）、アラビア語による初のコーラン（一五三八年）、初のイタリア語版コーラン（一五四七年）も誕生している。ヴェネツィアは何世紀にもわたってギリシャ語、ヘブライ語、セルビア語、カラマンリス・トルコ語（ギリシャ文字で書かれたトルコ語、現在は消滅）、そしてアルメニア語の書籍出版において世界の中心的な役割を果たしてきた。とりわけアルメニア語の本は、ソヴィエト連邦が崩壊し、アルメニア共和国が独立する一九九一年まで出版されていた。

これが、アルド・マヌーツィオが出版という冒険に乗り出す前に足を踏み入れたヴェネツィアである。二〇一八年に亡くなったヴェネツィア出身の編集者、チェーザレ・デ・ミケーリスは次のように書いている。「あたかも壮大な恋愛小説のようだ。運命の赤い糸で結ばれたふたりが出会うが、彼らの物語は平穏どころか波乱万丈で、片ときも気を緩めることができない」。

それでは、さっそくその愛の物語を遠慮なくのぞいてみることにしよう。

第2章

人文主義の思想

バッシアーノはラツィオ州の美しい中世の町で、ローマの南およそ八十キロ、レピーニ山脈の山間に位置する。アッピア街道が通るこの地域は、現在はラティーナ県の基礎自治体《コムーネ》だ。だが、かつてはカエターニ家が統治するセルモネータ公国の一部だった。この一族の末裔に当たるロッフレードは一九六一年に死去している。ダンテ・アリギエーリによって地獄に落とされた教皇ボニファティウス八世も、カエターニ家の出身だった。

公爵の城はセルモネータにあるが、領主のカエターニ一族は夏をバッシアーノの城で過ごした。その理由は明らかだ——標高五百六十メートルにある町は、周囲を山に囲まれている。夜は涼しく、何よりもマラリアを媒介する危険なハマダラカが飛んでこない。実際に領主が暮らしていたのは城ではなく頑丈な建物だったが、いずれにしても大邸宅で、現在は町役場として利用されている。まさにこの町の最も有名な出身者、アルド・マヌーツィオがヴェネツィアで出版に携わっている時代には、バッシアーノは一四九九～一五〇四年の五年間、ボルジア家に支配されたが、その後ふたたびカエターニ家が奪い返し、十九世紀初めまで途切れることなく統治した。

セルモネータもおとぎ話のような町で、ロマネスク様式の大聖堂は紛れもなく至極の空間であるが、標高二百三十メートルと、バッシアーノに比べて低く、ポンティーノ平野へと続いている。遠くに海を望み、アンツィオやネットゥーノの町並みも見える。年配者のなかには、いまでもあの明るく澄みわたった一九四四年一月二十二日を思い出す人もいるだろう。同盟軍の上陸用舟艇の跡で海面が泡立っていた、あの日を。しかし何世紀ものあいだ、この平野はどこも湿原で、夏になると、バッシアーノまでは到達しないハマダラカも風情あるセルモネータにはやってきた。

その昔、カエターニ邸の大門は、十の大きな監視塔のある十四世紀の壁にぐるりと囲まれたバッシアーノの集落の唯一の入口だった。その後、壁に穴が開けられて三つの門が造られた。斑岩で舗装された通りはらせん状に伸び、現在では残念ながらほとんどが寂《さび》れた建物は、中世の面影を色濃く残している。いくつかの細い路地が——最も狭い路地は、観光プロモーションによって「バチャドンネ」(女性にキスをしよう)と呼ばれている——町を横切り、さまざまな通りを結びつけている。バッシアーノからは平野は見えないが、レピーニ山脈で最も高い標高千五百三十六メートルのセンプレヴィーザ山がすぐそこまで迫っている。

アルド・マヌーツィオはこの町で一四五〇年ごろに生まれた。現在、彼の家には案内板が掲げられている。だが、あいにくそれは十七〜十八世紀の「タロッコ」という建物で、したがって未来の出版人がそこで生まれたはずがない。町が手つかずのまま残っているということは、マヌーツィオの生家も現存していると考えて間違いないだろうが、どの家かは定かではない。

アルドの家族のことはほとんどわかっておらず、彼の幼少期は謎に包まれたままだ。公証人アントニオ・トゥージの作成した証書によると、一四四九年十二月三十日、バッシアーノのパオロ・ディ・マンドゥーツィオという人物が、ユダヤ人のアブラモ・ディ・モゼに一区画の土地を売った。現存するアルドの最古の手稿は一四八〇～八六年のあいだに書かれたもので、ヴェネツィアのクエリーニ・スタンパーリア図書館に保管されているが、そこには〝アルドゥス・マンドゥチウス〟の署名がある（〝アルティ・マンドゥチー〟の所有格）。つまり、それがこの人文主義者の生まれたときの姓にちがいない。やがて彼の署名は〝マンヌッチウス、すなわち〝マヌチウス〟（一四九三年～）、そして最後には〝マヌティウス〟（一四九七年～）となる。アルドの父親はアントニオという名で、姉妹が何人かいたが、それ以外のことはわかっていない。

ローマ時代

売る土地を所有していたとしたら、アルドの一家は比較的裕福だったと考えられるが、息子をローマで勉強させるだけの余裕があったのか、それとも若きマヌーツィオを支援したのがカエターニ家だったのかは不明だ。一世紀後に、孫のアルド・ジュニアが、領主の一家に対する祖父の慇懃な態度について語っている。その一方で、聡明な若者に対して貴族が学費を負担するのも珍しいことではなかった。

いずれにしても、アルドが一四七〇年代初めにローマで勉強したことは間違いない。彼の師で、サピエンツァ大学の修辞学教授ガスパーレ・ダ・ヴェローナは、一四七四年にヴィテルヴォに移っているからだ。もうひとりの師は――ある序文でアルド自身が明らかにしている――トッリ・デル・ベーナコで生まれ、ローマ教皇シクストゥス四世の書記官を務めた人文主義者ドミツィオ・カルデリーニである。興味深いことに、どちらの教師もヴェローナ出身だ。

カルデリーニは前述のベッサリオン枢機卿のサークルに所属し、フランスへの旅にも同行している。このとき枢機卿は、死後に出版される本の執筆に取りかかっていた。その本を手がけたのが、かの有名なドイツの聖職者にして印刷人、アルノルト・パナルツとコンラート・シュヴァインハイムである。プラハ生まれでドイツ語を話すパナルツと、ヘッセン州出身のシュヴァインハイムは一四六五年、ローマ近郊のスビアーコにあるベネディクト会のサンタ・スコラスティカ修道院に印刷所を設立し、イタリアに活版印刷の技術を伝えた。ガスパーレ・ダ・ヴェローナも、このふたりの活動を知っていた。彼らがスビアーコに来たわずか二年後の一四六七年に仕事を依頼しているからだ。

イタリアに印刷術がもたらされたことは大きな話題を呼び、ローマでもこの新たな技術が注目と驚嘆の的となったにちがいない。とはいうものの、このころすでにマヌーツィオが出版業界に関わっていたのか、生まれたばかりの印刷本を目にする機会があったのか、あるいはまだ出版の魅力に目覚めていなかったのかどうかは定かではない。アルドは長年、教師の仕事に勤しみ、出版人となったのは人生の後半を迎えてからのことである。文法書や文学など、ギリシャ語の教材を入手するために出版業を始めようと思い立ったときには、すでに四十歳だった。その二十年前に出版の持つ可能性を見抜いていたかどうかは、残念ながら誰にもわからない。

さらには、ラテン語を習得した直後に、ローマで古代ギリシャ語の学習を始めたのかどうかも判明していない。いずれにしても、やがてアルドは古代ギリシャ語も習得し、難なく話したり、その場で翻訳したりするほど堪能だったことは周知のとおりだ。ローマ教皇のお膝元でマヌーツィオはピストイアの人文主義者、シピオーネ・フォルテグエッリ（通称カルテロマコ）との友情を育む。のちに親身の協力者となる人物で、一五〇一年にマヌーツィオは彼に本を献呈している。フォルテグエッリはアルドのアカデミアの設立メンバーにも名を連ねていた。

ローマ時代のマヌーツィオに関しては、幼少期や青年期と同様にほとんどが謎に包まれている。確かなのは、彼がわずか数年でローマを後にしていることだけだ。その時期も理由もはっきりしておらず、一四七八年のローマでのペスト流行がきっかけだったと考える研究者もいるが、明確な手がかりはなく、あくまで推論の域を出ない。

フェッラーラ時代

実際、マヌーツィオは一四七五年からフェッラーラに滞在しているが、移り住んだのか、それとも一時的にローマを離れたのかどうかは判断できない。ルネサンス期の人文主義者で芸術の庇護者でもあるエルコレ一世・デステが統治する都市で、マヌーツィオはバッティスタ・グアリーノのもとで古代ギリシャ語の習得――正確には研究――に励む。バッティスタは前述のグアリーノ・ヴェロネーゼの息子に当たる。グアリーノ・ヴェロネーゼは一四五三年にオスマン帝国の都となる以前のコンスタンティノープルでギリシャ語を学び、エステ家の宮廷で家庭教師を務めていた。アルドにとって、バッティスタ・グアリーノとの出会いは言うまでもなく重要だった。その証拠に、一四九五年に出版したテオクリトスを二十年近くも前の師に捧げている。フェッラーラに来た時点でマヌーツィオがギリシャ語に精通していたかどうかは、現在でも見解が分かれているものの、フェッラーラを去ったときには、会話も読解力も問題なかったのは確かだ。

いずれにしても、確かなことがもうひとつある。フェッラーラでは、その後のアルドの人生を変える出会いがあった。学習仲間のジョヴァンニ・ピーコ・デッラ・ミランドラだ。この貴族の人文主義者は、抜群の記憶力によって古代から現代までの六カ国語を操り、さらにギリシャ語の習得に励んでいる最中だった。彼の姉妹のカテリーナはカルピ領主と結婚していたが（一四七七年から未亡人）、一四八四年にマントヴァ侯の息子でルッザーラ家の僭主《せんしゅ》、ロドルフォ・ゴンザーガと再婚する（ゴンザーガ家が公爵となるのは一五三〇年）。

話はやや逸れるが、エミリア＝ロマーニャとロンバルディアの狭間にあるこの地域は、十五～十六世紀にかけて、中小の宮廷が緊密な関係を維持していた。マントヴァのゴンザーガ家、カルピのピオ家、ミランドラのピーコ家、フェッラーラのエステ家は婚姻によって縁戚関係を結び、各地を転々とする芸術家、音楽家、教師を呼び寄せて、こんにちで言うところの規模の経済を発展させた。とりわけカルピとミランドラは弱小国で、近隣から攻撃されればひとたまりもないため、より影響力の強い大国の庇護を受けようとしていた。

その間に着々と勢力を広げ、周囲の不安や懸念を引き起こし、結果として強力なライバルとなったのは、間違いなくヴェネツィア共和国だろう。戦いに敗れた領主のアルベルト・ピオが、神聖ローマ帝国、フランス、教皇領に助けを求め、三国の力で王位に返り咲いたのは偶然ではない。あとで詳しく述べるが、アルド・マヌーツィオは何度かミラノへ赴いたものの、基本的にはこの領域内で行動する。フェッラーラとは、いわば相思相愛の仲だったと言えよう（ヴェネツィアは足元にも及ばないほど）。というのも、最初の遺言書で、その一年前に結婚したばかりの若い妻に対して、万が一自分が旅から戻らなかったら、エステ家の都で新たな夫を見つけるよう勧めているからだ。つまり、当時は旅が危険に満ちたものだと考えられており、マヌーツィオは出発前に遺言書をしたためずにはいられなかった。

ルネサンス時代のイタリアで、この地域の複雑な関係を示す例をもうひとつ挙げよう。アルベルト・ピオの最初の妻はゴンザーガ家、二番目の妻はオルシーニ家の女性だった。二番目の妻とのあいだには娘がふたり生まれ、祖母の名を受け継いだカテリーナはカエターニ家の男性と結婚した。このことから、セルモネータ公爵とカルピ領主とのあいだに何らかの結びつきがあり、したがってアルド・マヌーツィオとエミリアの小さな宮廷との縁を取り持ったのもカエターニ家だったという仮説が立てられる。本当のところはわからないが、これらの一族が互いに関係していたことは事実であり、それゆえ可能性は否定できないだろう。

カルピ時代

カテリーナ・ピーコは驚くほど博識な女性だ。サヴォイアのリオネッロ一世・ピオと結婚した際の嫁入り道具には、通常の宝石、銀器、布類のほかに写本、ウェルギリウスなどの古典作品、キケロの書簡集が含まれていた（キケロの書簡集は一四六九年、ヨハネス・フォン・シュパイヤーによってヴェネツィアで出版された初版。すべてこのルネサンス末期に集中している）。

カルピの領主が死去すると、未亡人には図書館の設立の遺言とともに大量の本が託された。弟のジョヴァンニの助言を受け、ふたりの息子、五歳のアルベルトと三歳のリオネッロの家庭教師役としてアルド・マヌーツィオを呼び寄せたのは、ほかならぬカテリーナだと言われている。カルピの公文書館に保管されている公正証書によると、一四八〇年三月八日、アルドは宮廷での教育職および税金免除の市民権を得ている。そして、わずか数カ月後の八月五日には、「教師アルド・マヌーツィオ・デ・バッシアーノ」は、現在のカバッシ大通りに面した「unum caxamentum（宅地）」の所有者となっている（通りに現存する唯一のゴシック様式の建物に案内板が掲げられているが、事実かどうかは不明）。領主の子息の教師として、アルドは宮廷で暮らしていたため、その家と、もう一軒、彼の名義となっている家は、家賃収入という形の報酬だったとも考えられる。マヌーツィオには農地も与えられ、息子のパオロが相続して、リオネッロ・ピオの管理下に置かれた。

アルドとアルベルトは、単なる教師と教え子以上に固い絆で結ばれ、あとで詳しく述べるが、その関係は一五一五年にアルドがこの世を去るまで続く。このバッシアーノの出版人がカルピの王子に捧げた全五巻のアリストテレス全集（一四九五年）の第一巻で、彼は「年若い博識家」に対して一種の訓示を授けている。「あなたに欠けているものは何ひとつない。才能はじゅうぶんにある。雄弁さも持ち合わせている。ラテン語、ギリシャ語、ヘブライ語の教養書にも事欠かず、手元にない書物は比類なき熱心さで探す。費用を惜しまずに雇った有能な教師もそろっている。したがって、このまま貴族としての修養に努めてほしい。もちろん私も可能なかぎり見守っていよう」。

この文からは、思慮深く、父親のように慈愛に満ちたマヌーツィオの一面を読み取ることができる。そしてこの偉大な人物の性格を知り、想像するには、こうした文言を手がかりとするほかはない。実際、彼の伝記では、人生や活動については一部を除いて記録されているものの、その人となりはまったくと言っていいほど謎に包まれている。あとで述べるように、エラスムスはアルドの義理の父、アンドレア・トッレザーニ（トッレザーノ）の気難しい強欲な面について書き記しているが、本人に関しては、文法に細かくこだわること以外はほとんど述べていない。

史上初の出版人を研究する学者の多くが、明らかになっている要素に基づいて仮説を立てている。たとえば、さまざまな社会的身分の友人が多いことは知られているが、出版業のライバルを除けば、敵の存在は知られていない。それゆえ愛想がよく、一緒にいて楽しい人物だったのかもしれない。また、アルドは集中力を切らさずに何時間も続けて作業していたことから、おそらく丁寧で注意深く、有能だったにちがいない。チームワークを重んじ、学者たちのあいだで、あらゆる方法で協力を促して、印刷可能な写本を手に入れるべく努力した。

アルドにはビジネスの才能があり、自身の権利を行使するために司法や友好関係を利用したものの、暴力や賄賂が珍しくなかった時代にも、けっしてそうした手段には訴えなかった。多くの同業者のように強引な態度を取ることもなく、むしろ目立たずに、ときおり名声に困惑している様子も見せた。それでも、報酬をめぐって協力者と口論になったことは何度かあり、それが原因で彼らは去っていった。だとすると、アルドには義理の父のような守銭奴の傾向があったのだろうか。

だが、そうしたことはすべて推測の域を出ない。かなり年齢差のある若い妻との関係はどうだったのか。子どもたちとの関係は？　最後の遺言書では、ふたりの娘に対して、結婚するか、修道院に入るかの選択権を与えている。これは当時にしてはきわめて進歩的な考えだったが、それ以外についてはわかっていない。

カルピ時代には、アルド・マヌーツィオはおそらくまだ出版業については考えておらず、教師の職に身を捧げ、確かな手応えを感じていた。愛情に満ちた関係を築いた生徒は、アルベルトとリオネッロ・ピオだけではなかった。とはいうものの、苦労の多い仕事だったにちがいない。実際、あらゆる種類の責務を抱え、生徒のために文法書を書く時間が一日に四時間しかないと嘆いている。だが、勉強を教えること以外にどんな仕事があったのか、具体的には述べていない。

アルドのカプリ時代で明らかになっている数少ない事実のひとつは、ほとんどの時間を領主の息子たちと過ごし、ヴェネツィアがエステ家に宣戦布告すると、最初にフェッラーラ（一四八一年）、次にミランドラの叔父ピーコの元に（一四八二年）同行している。数カ月間に及ぶミランドラでの滞在については、ポリツィアーノの手紙で知ることができる。アンジェロ・アンブロジーニ（彼の本名）は当時、最も著名なギリシャ研究者で、のちにマヌーツィオの親友となる人物だ。ふたりは大量の手紙をやりとりするが、実際に顔を合わせたのはヴェネツィアで一度きりだった。ミランドラで、アルドはクレタの人文主義者、マヌエル・アドラミッテーノとともにポリツィアーノの手紙を読み、このうえなく洗練されたギリシャ語に感銘を受けた。

そのころ、ジョヴァンニ・ピーコはミランドラを正真正銘の文化の中心地にしようとしていた。ひょっとしたらアルドは、この地でギリシャ文化に精通する識者たちが交流し、討論するための場としてアカデミアを設立することを思いついたのかもしれない。

ギリシャ研究者たちがピーコの邸宅で開いていた集会で、アルドは自身の能力を利用して、古代ギリシャ語で意見を述べていた可能性もある。だが、当時の彼の手紙は、周囲の知的な世界でどうにか好印象を与えようとする若者の文体だった。ピーコからアルドに宛てた手紙は一通だけ残っているが、その中でミランドラの領主は、彼に対して哲学の研究を続けるよう勧めている。ピーコにとって、マヌーツィオは単なるお気に入りではなく、学習仲間でもあったことは間違いない。

一方で、一四八七年にアルドは若きピオとともにヴェネツィアを訪れたとされるが、確証はない。これが事実だとすれば、未来の出版人と「セレニッシマ」（晴朗きわまるところ＝ヴェネツィア共和国）の初の接点だったことになる。その三年後、カテリーナがロドルフォ・ゴンザーガと再婚し、宮廷でのアルドの役割は先妻の息子たちの家庭教師にとどまらず、少しずつ影響力を増していたと考えられる。カテリーナはロドルフォとのあいだに六人の子をもうけている。ロドルフォは一四九五年七月、フォルノーヴォの戦いで命を落とし、カテリーナは一五〇一年十二月に死亡する。彼女に恋をした少女が、報われない気持ちに絶望して毒を盛ったのだ。ルネサンス時代の宮廷における、愛と死の悲劇である。

マヌーツィオのカプリ滞在は、一四八九年の秋から冬のあいだに終わりを迎えた。同年十月の公正証書に、領主の息子アルベルトの教師としてセルモネータのアルドの名が記されているが、それ以後、彼の存在を示す公式の文書は存在しない。

だが、前述のとおりピオ家との関係は続く。一五〇三年以降、アルドは「ピオ」の姓を名乗って一族の一員となり、一五〇六年からは署名にもその名を用いている。アルベルトには十二冊が献呈されていることはすでに述べたが、おそらくアルドはカルピから定期的に融資を受けていたのではないだろうか。公正証書や手紙などの資料からは、アルベルト三世との関係は一五〇九年、すなわち彼がヴェネツィアの敵国と手を組むまで続いたことが明らかになっている。一方、リオネッロ二世との絆は、アルドがこの世を去るまで途切れることはなかった。

ピオ兄弟とマヌーツィオの書簡は、すでに一四九八年から異なる様相を呈してくる。アルベルトは本、共通の文化知識、アルドがカルピで関心を示している問題について、親密で愛情深い文体で書き綴っている。それに対してリオネッロは、折に触れて「神の子《フィリウス》」という署名を用い、もっぱら事務的な用件に徹して、エミリアの土地の利益を管理してほしいというアルドの要望に応えた。例として一五〇八年七月には、「あなたの土地の収穫高を確認し、帳簿に記入させました」と報告している。一方で、リオネッロはヴェネツィア貴族の令嬢、マリア・マルティネンゴと結婚したため、ふたりの暮らすノーヴィの城と「ドミナンテ」（支配者＝ヴェネツィア共和国）との結びつきは強いままだった。一五〇八年三月の公正証書には、セレニッシマに傭兵隊の派遣を要請するためにリオネッロ・ピオがマヌーツィオに宛てた委任状が記録されている（だが、傭兵隊は認められなかった）。

アルドは法的に見ても完全にピオ一家の一員で、多くの土地の名義人となっており、少なくともその一部は一五五六年の時点でも相続財産に含まれている。一四九八年九月付けのリオネッロの手紙では、さらなる土地に加え、印刷所およびアカデミアを開設するための城をマヌーツィオに与えるという兄アルベルトの約束を守る意思があることが明言されている。したがって、アルドが「アカデミアを開き、無学浅識の状態に終止符を打って、すばらしい文学やすばらしい芸術をぞんぶんに究める」ために「美しい城」を利用すると書いているのは偶然ではない。

しかしながら城の贈与が実現することはなく、アルドは経済的に苦しかった一五〇六年と一五一〇年の二度にわたって、家族および印刷所ごと移転するために所有権を主張する。どちらの年も、マヌーツィオはヴェネツィアを離れていた。その理由については、のちほど詳しく見ていく。

その城は、リオネッロと妻が暮らしていたノーヴィであることがわかっている。そこには印刷所が設けられたが、出版された本は一冊のみだった。真偽のほどは定かではないものの、十八世紀のある資料によれば、アルベルト三世は印刷所の開設準備のためにマヌーツィオを招いたが、彼はすでにヴェネツィアに移住していたために、王子の依頼を断わったという。確かなのは、カルピ出身のベネデット・ドルチベッツリ（またはドルチベッロ）・デル・マンゾ――〝マンゾ（牛肉）〟のあだ名は肉屋の実家に由来――が、まずは地元の街に印刷所を設立し（一五〇六年）、ノーヴィの城内に移転して（一五〇八年）前述の一冊を出版したのちにフェッラーラへ移ったということだ。

ドルチベッツリは、同じくカルピ出身のジョヴァンニ・ビッソーロ、ブリシゲッラのガブリエーレ・ブラッチョとともにヴェネツィアのアルドの工房で働き、そこで印刷技術を身につけた。だが、のちにアルドのギリシャ文字の活字の偽造事件に関わり――詳細については後述――共犯者ふたりとともにヴェネツィアを去った。その後もドルチベッツリはミラノをはじめ、他の都市で出版業を続けている。この事件に関する文書で現存するものはほとんどなく、我々は一部しかうかがい知ることができない。したがって、一五〇六年にアルドがミラノとマントヴァへ赴いた際に、当時ピオ家の支配する街で印刷業を営んでいた元職人と接触したかどうかもわからない。いずれにしても、この事実は、アルドがヴェネツィアに自身の印刷所を開くに当たり、カルピの職人たちに協力を仰いだことを示している。

アルドのカルピ滞在は、ピオ宮殿の礼拝堂のフレスコ画によって永遠に歴史に刻まれている。右側の壁を彩る画家ベルナルディーノ・ロスキの作品は、きわめて保存状態がよく、ピオ一家が描かれている。中心にいるのは、流れるような金髪に黒い帽子をかぶった三十歳のアルベルト三世。その背後に父のリオネッロ一世。フレスコ画が描かれた当時（十六世紀初め）、すでに没後二十年が経っていた。後方には弟のリオネッロ二世。王子アルベルトの前には、黒の長い服を着て、同じ色の帽子をかぶった人物がふたりいる。後ろに立っているほうがアルド・マヌーツィオだ。五十がらみの男性で、絵が描かれた際のアルドの年齢と一致する。

アルドの前にいる若い男性は、マントヴァ出身の哲学者ピエトロ・ポンポナッツィか、あるいはクレタの人文学者マルコス・ムスロスだと言われている。どちらもマヌーツィオと同時期にカルピに滞在し、彼よりも若い。ポンポナッツィは十歳、ムスロスは二十歳ほど年下だ。教養のある哲学者で、のちにアルドの最も緊密な協力者のひとりとなるムスロスについては、あらためて説明する。フレスコ画が保存されていたのは、ピオ家が権威を奪われ、カルピの支配権がエステ家に移ると、単に幕で覆われたまま放置され、失脚した領主の痕跡を消し去るために破壊されることもなかったからだ。

エミリア地方のカルピの話はここまでにして、いよいよアルドが本の歴史を塗り替えることになる街に移るとしよう――ヴェネツィアに。

第3章

出版人への道のり

アルド・マヌーツィオは一四八九～九〇年のあいだにヴェネツィアに移った。おそらくそのまま教師を続けるつもりで、わかっているかぎり（ほとんどが謎に包まれているが）ごく初期のころに出版業を考えていたことを示す予兆はない。したがって、当時のヴェネツィアが間違いなく出版の中心地であるという事実が彼の移住に影響を与えたのかどうかは何とも言えない。実際には、とりわけギリシャに精通した博識な人文主義者がおおぜいいることに惹かれたのだろう。「ヴェネツィアは、すばらしい知識を持つ人物が数えきれないほどいるため、現代の新たなアテネと呼ぶことができる街だ」と、アルド自身が何年ものちに書いている。

とはいうものの、彼は自分を受け入れてくれた街を心から愛することはなく、ヴェネツィア人の自覚を持つことも、おそらく来ることを余儀なくされた場所、そこ以外では出版の計画は実現できなかったために滞在した場所に対して、特別な感情を抱くこともなかった。ヴェネツィアに移住した当初は、仕事においても、協力者を選ぶ際にも（前述のとおり、印刷所の設立時にはカルピの職人が働いていた）、カルピとの関係が続いていた。

ヴェネツィア共和国に着いてほどなく、アルドは最初の作品となる『ムーサイの祭典』を出版する。これは彼の教育法も盛りこんだラテン語の教科書だ。このときアルドは、カラブリアのニカストロ出身の印刷人バッティスタ・トルティに協力を求め、一四八九年、アルベルト・ピオに捧げられた二編の詩と、その母親カテリーナに宛てられた手紙から成る本文を収めた――本よりも冊子に近い――教科書が発行された。現存するのは七冊で、イタリア国内にあるのは、ボローニャとナポリに保管されている二冊のみである。

アルドは、ラテン語とギリシャ語は分けずに、当時の習慣に従って最初にラテン語、続いてギリシャ語というように同時に教えるべきだと指摘し、古典文学の原書の教育的価値を強調した。それ以前は、ギリシャ古典を知るにはラテン語の翻訳書を読むしかなかったのだ。それによって未知の世界に触れることができるのは言うまでもないが、一方で翻訳版はラテン語というレンズによって歪められ、原書の魅力が損なわれていた。そこでアルドは、原点に返ってギリシャの作品はギリシャ語で読む必要があると考えた（おわかりのように、これも驚くほど進歩的な考えである）。

マヌーツィオはヴェネツィアに『ムーサイの祭典』の写本を持ちこんでいる。これは教師としてのアピールや宣伝に役立ったにちがいない。カルピの王子の家庭教師を務めていたくらいなら、聖マルコの街の貴族の子弟に対しても優秀な教師となれただろう。実際、ピエルフランチェスコ・バルバリーゴからの依頼で、息子のサントの家庭教師を引き受けている。願ってもない機会だった。ピエルフランチェスコは当時の元首《ドージェ》アゴスティーノ・バルバリーゴの甥で、先代のドージェ、マルコの息子だった。そのうえ彼は、マヌーツィオが印刷所を設立する際に出資している。

誤解のないように言っておくが、教師から出版人となったアルドは、大衆に向けた教育を考えていたわけでも、自身の本を学習意欲の高いおおぜいの若者の手に届けようとしていたわけでもない。むしろ彼の関心は富裕層の子息に向けられ——多くても人口の五パーセント——死語、すなわち古代ギリシャ語の学習を通して未来の支配階級を育てることが目的だった。誰も話す者がいないというだけで独学は不可能で、学校でのみ習得できる言語の学習を通して。肝心なのは古典文学の本質的な価値ではなく、その方法である——同じ本で学びながら成長する子どもたちは、大人になったときに互いによく理解し合う。こんにちで言うところの「ネットワーク」に近い。現代の英国でも、イートン校をはじめ、少数のパブリックスクールに通っていた支配階級が団結しているように、いわば「昔の同窓生の人脈」を築くのだ。

文法

ヴェネツィアに移住する以前から、マヌーツィオはおそらくラテン語の文法に取り組んでいたにちがいない。例の写本はクエリーニ・スタンパーリア図書館に保管されており、「Manducius（マンドゥチウス）」の署名によって彼のものだとわかる。そこにはグアリーノ・ヴェロネーゼに始まり、さまざまな文章が収められている。四枚の紙（八ページ）から成るそれは、のちの文法書の下書きのようであり、それほど大きくないページ（二十一×十三センチ）に二種類のインクが使われている。明るいほうのインクはかなり色褪せており、余白に追加や修正がいくつか書きこまれている。はっきりとした読みやすい筆跡はアルドのものだ。

一四九三年三月八日、『文法学教程』がアンドレア・トッレザーニによってヴェネツィアで出版された。マントヴァ公国アーゾラ出身の印刷人で、その十二年後にアルドの義父となる人物だ。その中で、マヌーツィオは個人用に文法を簡潔かつ的確にまとめている。当時一般に使用されていた、彼にとっては冗長で整理されていない文法書の代わりに、自身が教える際に役立てたにちがいない。次の文法書（一五〇一年に『ラテン語文法』のタイトルで出版）では、従来のラテン語の習得方法を批判し、難しさにうんざりした生徒が勉強を嫌いになり、学校へ行かなくなることを避けるために、短くて簡単な規則が必要だと強調した。すでにその前年、彼はいくつかの教育方針を明確にしている。「最高の著者でなければ子どもたちに暗記させせない。（中略）散文であれ韻文であれ、現代の作品をそらんじるよう強いることは（中略）誤りであり」、結果として子どもたちを「学校も本も避けるほど絶望させ、勉強を嫌いにさせて、二度と好きになることはないだろう」。

この文法書はアルベルト・ピオに献呈され、それと同時に、アルドはピアチェンツァ出身の人文主義者でギリシャ研究者のジョルジオ・ヴァッラにも敬意を表し、古代ローマの劇作家プラウトゥスについて研究した功績を認めている。ヴァッラが前述のエルモラオ・バルバロの精神的後継者であることを考えると偶然ではあるまい。一五〇〇年一月、ヴァッラがヴェネツィアで死去すると、彼の人文学サークルは活動を終了し、蔵書はほかならぬアルベルト・ピオによって買い取られる。ラテン語の文法書はアルドによって改訂が重ねられ、三度にわたって出版された。

とはいうものの、アルドの文法書が広く利用されていたかと言えば、そうではない。実際に手にしたのは一部のエリートに限られた。一五六八年までに十五版に達したが、当時最も普及していた文法書は二百七十九版を記録していた（うち三十二版はイタリアで出版）――フランス人修道士アレクサンドル・ヴィルデュによって十三世紀初めに書かれた『Doctrinale puerorum』である。すでに写本で広く行き渡っていたが、十五世紀末には印刷本のベストセラーとなる。たとえば一四九九年、トスカーナ地方のピストイアでは、市から給料を支払われている公立学校の教師に対して、授業で『Doctrinale puerorum』を教科書として使用するよう命じられた。

アルドはテオフィーロ・フォレンゴにもインスピレーションを与えたと言えるかもしれない。ラテン語とイタリア語が交ざった彼の雅俗混交体詩『Maccheronee』では、サルシッチャを調理する主人公にラテン語の文法を唱えさせて軽蔑を表わしている（Fecit [...] scartozzos ac sub prunis salcizza cosivit）。攻撃の的となったのは、ほかならぬ『Doctrinale puerorum』だった。アルドもこの文法書を認めず、確実に売れて、絶好のビジネスチャンスになるとわかっていたにもかかわらず、けっして出版することはなかった。

アルドの序文からもわかるように、彼の目的は、著者としても編集者としても、教育活動に役立つ手段を提供することだった。実際、教師に対して次のような激励を送っている。「法学者、哲学者、都市の統治者、もちろん君主、軍の指揮官、国王、さらには修道士、司祭、司教、枢機卿、そして教皇、とにかく少なくとも読み書きのできる者は皆、子ども時代にあなたがたに導かれ、あなたがたによって教育され、あなたがたの徳あるいは不徳が彼らの品行に役立ったり害になったりした」。教師たる者は自身を「子どもたちの指南役や手本のみならず、親である」と考えなければならない。

興味深いことに、一五一四年に出版された三度目にして最後の改訂版で、アルドは宗教熱を余すところなく示している。最初の八枚には、典礼書のように詩篇と祈りが黒と赤の文字で印刷されている。だが、このときに限った話ではない。マヌーツィオはギリシャ語の文法書でも祈禱文を読み物として利用し、結局出版されることのなかったヘブライ語の文法書も同じようにするつもりだった。

アルドに関しては判明していないことが多く――とくに前述のとおり、ヴェネツィアに移住した理由や出版業を始めた理由――残っている記録もほとんどない。なかでも注目すべきは、現存するカテリーナ・ピオに宛てた手紙では、出版についていっさい触れられていないことだ。この点も答えのない疑問のまま残されている。

ヴェネツィアに移った当初、アルドはカルピ――とりわけ宮廷――で務めていた教師の仕事とまったく変わらないことをしていた。これについても手がかりとなる事実はひとつしかない。影響力のあるギリシャ人の共同体と基本的なギリシャ語の本の存在である。ここで過去に何度も繰り返されてきた誤解を取り除くと、ベッサリオン枢機卿からヴェネツィア共和国に寄贈されたこれらの写本のうち、最も重要なものを、アルドはヴェネツィア滞在中に手にする機会がなかった。その間、その本は五十七の箱から一度として出されることはなかったからだ。一四七二年に没したベッサリオンが、およそ三十年前に詰めてヴェネツィアに運ばせたものだった。おまけに、一五〇〇年にジョルジオ・ヴァッラが死去してからは、マルカントニオ・サベッリーコの手に委ねられた。

アルドはヴァッラの友人で、ラテン語の文法書の一節において、このヴェネツィアでも指折りの人文主義者を称えた。具体的には一四九三年に出版された版だが、以降の版ではその一文が削除されている。一方で、サベッリーコとは交友関係がなかった。ふたりは互いに相手を避け、わかっているかぎり一度も顔を合わせたことはない。とはいうものの、同じ街の中で相手の存在を無視することは不可能だっただろう。マヌーツィオはサベッリーコと知り合うことを拒み、いかなる論争も控えていた。論争が当然のごとく行なわれていた時代においては予想外の態度である。ちなみに、ジョヴァンニ・バッティスタ・エグナツィオがサベッリーコを攻撃しようとした際には、友人のアルドではなく、別の出版人を利用せざるをえなかった。結局、ベッサリオン枢機卿の寄贈書は、サンティ・ジョヴァンニ・エ・パオロ聖堂の修道士たちの手によって運ばれた。

当時、ヴェネツィアのギリシャ人共同体は大きく二派に分かれていた――一四五三年にオスマン帝国の手によって陥落したコンスタンティノープルからの避難民と、ヴェネツィア共和国に支配されているクレタ島の人々だ。アルドのおかげで、クレタ人は評判が芳しくなかったことがわかる。「こんにちでも、多くの人が理由もなく彼らを嘘つきでペテン師呼ばわりして軽蔑し、〝クレタ人のように振る舞う〟という言い回しを〝嘘をつく〟〝騙す〟と同義語と見なし、そこから〝クレタ人に対してクレタ人のように振る舞う〟という諺《ことわざ》が生まれた」。それから数十年後、正教会の聖ジョルジオ・ディ・グレーチ大聖堂の建設が始まり、この建物はいまなおカステッロ地区の運河の畔に佇んでいる。

ヴェネツィアに多くのギリシャ人が暮らしていたおかげで、おおぜいの人文主義者が古代ギリシャ語を学び、おそらく話せる者もいたにちがいない。豊富な蔵書を有するエルモラオ・バルバロの周囲に知識人たちが集まっていたことは、すでに紹介したとおりだ。ピエモンテの人文主義者、ジョルジオ・メルーラの弟子に当たるバルバロは教養のある哲学者で、ロレンツォ・ヴァッラの流れをくむ新たな文献学をヴェネツィアに紹介し（論争に関しては、メルーラは盗作問題でポリツィアーノに対して猛攻撃を仕掛けた）、ひとりの著者を理解するためには全作品を知るべきだということを理論づけた。アルドはその考えに傾倒し、アリストテレスの全集を出版する。さらに、「人文主義者」アルド・マヌーツィオの立場を明確にするようマリン・サヌードを促したのもバルバロだった。

リアルト学校で自然科学を教えていたジョルジオ・ヴァッラ（おそらくロレンツォの親戚だが確証はない）とは、すでに交流を持っていた。ちなみにマルコス・ムスロスはライバルのサン・マルコ学校で教壇に立っていた。したがって、ヴァッラの蔵書にはギリシャ語の数学書が多く含まれていたにちがいない。なかには一冊しか存在しない貴重な本もあっただろう。さらに有名だったのはガレアッツォ・ファチーノ（通称〝ポンティコ〟）のコレクションで、その数はおよそ三百冊。アルドは貴族のダニエーレ・レニエルに宛てて次のように書いている。「いつでも私たちの工房に来て、これまでにラテン語、ギリシャ語、ヘブライ語でどのような本が出版されたのかを見てください（あなたはこの三カ国語に精通しているはずです）。それから、あなたが研究者にとってこのうえなく役立つと思う書物を出版するために、ご所有のギリシャ語とラテン語の写本を貸していただければ大変助かります」。とはいうものの、レニエルだけではなく、「助言、書物、行為によって、きわめて熱心に協力してくれる」学者がおおぜいいた。興味深いのはヘブライ語に関する言及だ。マヌーツィオはヘブライ語の書物の出版に意欲的だったものの、詳しい経緯については後述するが、結局、実現することはなかった。

一四九一年、ジョヴァンニ・ピーコ・デッラ・ミランドラとアンジェロ・ポリツィアーノがヴェネツィアにやってきた。ピーコがアルドに会ったかどうかは定かではないが、ふたりの友情を考えれば、顔を合わせた可能性は高い。だが、ピーコが病に侵されて、当時、ヴェネツィア共和国が外国からの賓客を迎えていたフェッラーラ公の館――現在のトルコ人商館――から出られなかったことはわかっている。それに対して、ポリツィアーノは書店を巡り、エルモラオ・バルバロやベルナルド・ベンボなどの友人を訪ね、その縁でようやくアルドとの対面を果たした。

このふたりの人文主義者が確実に会ったのは、この一度きりである。ほぼ同年齢のふたりは、長いあいだ手紙をやりとりしていたが、おそらく二度と会うことはなかった。ポリツィアーノは六月に、ともに時間を過ごした友人のリストに「アルド・マンヌッチョ」の名を書き記している。注目してほしいのは、アルドの名前だけが支配階級ではなく、ポリツィアーノがヴェネツィアで面会した貴族以外の人物三名のうちのひとりだということだ。すべては、人文主義や印刷に代表される新たな技術に対して、貴族階級の関心が高かったことを示している。こんにちでも図書館や骨董市で数多く見かける、ヴェネツィアの名高い一族の紋章が入ったインキュナブラが、何よりもその証拠だろう。

さらに一年後の一四九二年、ボローニャ出身のウルチェオ・コルドの手紙によって、マヌーツィオがヴェネツィアに滞在していたことが証明されている。古代ギリシャ語を流暢に操る、数少ないイタリアの人文主義者のひとりで、アルドは一四九九年に彼に本を献呈している。このことから、十五世紀末のヴェネツィアが「第二のビザンチウム」と考えられていた理由がわかる。まだギリシャ語の出版の中心地ではなかったものの、マヌーツィオのおかげで、徐々にその地位にのぼりつめようとしていた。

当時、ギリシャ語書籍の出版の主導権を握っていたのはミラノとフィレンツェだった。ヴェネツィアが一四八六年に初のギリシャ語の印刷本を出版したのちに、その座を奪うまでの経緯を見ていくとおもしろい。その本とは『バトラコミュオマキア』で、ホメロスをパロディ化した喜劇的叙事詩に「蛙と鼠の戦争」を意味するタイトルがつけられている。この本を出版したラオニコスという人物は、クレタ島のハニア――イタリア語では〝カンディア〟――出身の司祭で、やはりクレタ人のアレクサンドロスという聖職者が協力している。

アレクサンドロスは同年十一月にギリシャ語による初の宗教書を出版した。この二冊では同一の活字が使われているため、古い典礼書の写本を見本として同じ印刷所で発行されたと考えられる。これらの本を出版したのち、ふたりのクレタ人は歴史の霧にのみこまれて姿を消し、それと同時にギリシャ語の出版もヴェネツィアから消える――アルドがふたたび始めるまで（詳細は後述）。アレクサンドロスについては、クレタ島のアルカディア司教区の司教となることしかわかっていない。

いずれにしても一四九〇年の時点では、のちにアルドに協力するギリシャ語の学者たちは皆、依然としてフィレンツェに滞在しており、他の都市へ移るそぶりは見られず、その二年後にロレンツォ・デ・メディチが死去して、一四九四年には市民の反乱と、ドミニコ会修道士サヴォナローラによってメディチ家が支配権を失うことになるとは、誰ひとり予想できなかった。したがって、なぜアルドが一四九〇年にフィレンツェではなくヴェネツィアに向かったのかは判然としない。その年、フィレンツェではポリツィアーノとフィチーノを中心としたサークルの活動が絶頂期を迎えていた。おまけに、ギリシャ語の本はコスタンティーノ・ラスカリス（ヤヌスの親戚ではない）がすでに出版していた。最初はミラノで文法書、そして一四九四年八月にはフィレンツェで、大文字のみを用いたギリシャ詞華集を出版したのだ。だが、同じ年にフランス王シャルル八世がイタリアに攻めこんだために、必然的に状況は悪化して、フィレンツェの印刷所は一四九六年に閉鎖され、ギリシャ語の出版は誰が参入してもおかしくない状態となった。

こうして見ると、確かにヘレニズムはマヌーツィオをヴェネツィアに呼び寄せる重要な要素だったかもしれない。だが、それだけではないはずだ。その証拠に、アルドはポリツィアーノに宛てた手紙で、ヴェネツィア共和国は「一都市というよりも全世界のような場所」であると書いている。

出版人のキャリア

そういうわけで、移住の動機も出版活動を始めた理由もはっきりとはわからないものの、一四九〇年代にアルドはヴェネツィアにいた。

アルド・マヌーツィオは、サンタ・マリア・グロリオーザ・デイ・フラーリ聖堂から遠くないサンタゴスティンに住んでいたが、ほぼ確実に（〝ほぼ〟というのは慎重を期して）現在、案内板が彼の家であることを示している家ではない。だが、それについては最後の章で詳しく見ていこう。アルドの印刷所には七、八台の印刷機があったと言われている。従業員に関しては――おそらく三十名ほど――名前がわかっているのは二名のみで、一五〇六年の遺言書に記されていたイラーリオ・ダ・パルマ、そしてフェデリーコ・ダ・チェレザーラだ。前者は他にいっさい情報はないが、後者については、このあと見ていく。というのも、アルドが「このうえなく不快で不潔な牢獄」に一週間滞在することを余儀なくされた、とある国際的な紛争に関わっていたからだ。

調査の結果、アルド印刷所はカナル・グランデ沿いにそびえる大きなゴシック様式の建物、カ・フォスカリに倉庫を借りていたことが判明した。ヴェネツィアの元首《ドージェ》フランチェスコを輩出した、最も権力のある一族が暮らしていた場所だ（現在はヴェネツィア大学となっている）。本はそこからさまざまな販売店に運ばれ、塔の看板があるトッレザーニの店にも多くが届けられた。

資料には、当時の書店主の名がいくつか記されているが、詳細は不明だ。ただし、ヨルダン・フォン・ディンスラーケンというドイツ人は大量に本を仕入れていたことがわかっており――各本につき百部ずつ――一五〇二年にアルドが、ドイツでは同じ本がヴェネツィアよりも廉価で売られていることに対して苦情を言ったドイツ人商人がディンスラーケンである可能性は高い。それが原因でディンスラーケンが苦境に陥ったのかどうかは、何とも言えない。その年、彼はヴェネツィアの書店主として初めてルター派の書籍販売を告発され、在庫の一部を没収されている。

マヌーツィオによれば、印刷所の維持費は月額二百ドゥカートと、かなりの高額だったが、彼の財政状況を聞き出そうと試みた者の話からも、どうやら妥当な額だったようだ。一五〇三年には毎月数千冊の本が出版されており、一カ月当たりの経費は二百三十四ドゥカートとなる。一五三七年、アルドの隣人で、サン・マルコの財務執政官ニコロ・ベルナルドは、ヴェネツィアの不動産およびメストレ近郊の小さな農地から一年間で二百三十七ドゥカートの地代収入を得ている。したがって、印刷所の運営に要する毎月の費用は、有力貴族の年間の地代に相当するのだ。重大な責任である一方、資本金の出資比率が一割にとどまる共同経営者という立場では、利益はそれほど多くなかったにちがいない。

サンタゴスティンから数分のところに、ヴェネツィアでアルドの最も大切な友人のひとりが住んでいた――マリン・サヌードである（その家はフォンダメンタ（運河通り）・メジオに現存する。〝メジオ〟とはヴェネツィア方言で〝粟〟の意味。かつてその地区に穀物倉庫があったことから）。

彼は貴族で、有力な家ではなかったものの、前述のとおりヴェネツィアでも指折りの書庫を所有していた。一五一六年には二千八百冊だった蔵書は、二十年後に六千五百冊にまで増え、その評判はヴェネツィアのみならず海外にまで及んだ。アルドも褒め称えている。「あらゆる分野の本が並んだあなたの図書室を訪れ、あなたが才能と教養をつぎこんで書いたものを目にすることができた。ヴェネツィアの司法官について、ドージェの生活について、ヴェネツィアの誕生から現代に至るまでの歴史、さらにはガリア戦争の本も」。

それにもかかわらず、サヌードは生涯貧しい生活を送り、晩年には自身の所有する古典文学、哲学書、神学書の大半を売り払って生活費に充てざるをえなかった。日記を書きつづけていたサヌードは、共和国公認の歴史編纂者となることを望んでいたが、二度のチャンスを逃している。代わりにその地位を得たのは、いずれもアルドのサークルの人文主義者、アンドレア・ナヴァジェーロとピエトロ・ベンボで、ふたりともサヌードの友人でもあったと思われる。マヌーツィオにとっては、サヌードとの緊密な関係も、彼の未刊のままの著作『シャルル八世のイタリア遠征』の出版を決定する理由にはならなかった。その直後、彼が一四九六年から書きはじめた『日記』の編集を始めたアルドは、一四九八年に出版されたポリツィアーノの『全集』をサヌードに献呈した。

まさにアルド印刷所からサヌードの家へ向かう途中のサン・ボルドに、当時のヴェネツィアでもうひとつ注目すべき書庫があった。ピエトロの父で、サヌードとは違って超名門貴族のベルナルド・ベンボの書庫だ。ベルナルドは何度も大使に選出され、十人委員会の委員でもあった。一四八三年、ラヴェンナ（当時はヴェネツィア領）の行政長官を務めていたときに、ピエトロ・ロンバルドに対して、いまなおダンテ・アリギエーリの墓を飾っている記念碑を彫るよう命じたのも彼の功績だ。サン・ボルドにあったカ・ベンボは失われた（リアルト橋近くのカルボン通りにあるゴシック様式のカ・ベンボがピエトロの家だと言われることが多いが、誤りである）。だが、そこにあった書庫には印刷本やラテン語、ギリシャ語の書物が豊富に収蔵され、とりわけ小型の写本はアルドが文庫本を作るきっかけとなった（詳細は後述）。九〇年代初めには、政治の任務でヴェネツィアを離れられなかったあいだ、ベルナルドは息子のピエトロとカルロとともにマヌーツィオの友人のサークルに参加していた。

ヴェネツィアでは、多くの印刷所がリアルト橋とサン・マルコ広場を結ぶ通り沿いに軒を連ねていたが、アルドは離れた場所に開いた。サンタゴスティンを選んだのは、サヌードとベンボの充実した書庫に近いという物理的な理由もあったかもしれない。

工房や出版社は、ヴェネツィア在住の学者や文人のみならず、他の街から来て、アルドの厚意で一時的に滞在している者の集う場所となる。パオロ・マヌーツィオは、父親が「多数の知識人を自宅でもてなし、その人たちがやがて出世して有名になった」と書いている。一例として、イギリスのギリシャ研究者ウィリアム・ラティマーのベッドの一件を挙げておこう。彼は一四九八年にパドヴァからマヌーツィオに宛てて手紙を書き、借りたベッドの返却を持ち主に迫られていることを伝えた。サンタゴスティンに滞在した折に持ちこんだものだ。どうやら彼はベッドを置いていき、当時は誰かの家へ行く際にベッドを持っていくのが習慣だったようだ。

マヌーツィオは会う人会う人に経済的苦境を隠さなかった。出版業界において事業を継続するには、とにかく金が必要となる。資金を捻出するのは簡単なことではない。はじめて出版した本の序文で、金持ちの手は金を出さなければならないときには関節炎になり、受け取るときにはこのうえなく健康になると書いている。これほどすばやい手のひら返しはないと。そして、プラウトゥスの言葉を引用した――彼らはタコのように、触れたものは手放さない。だが、しまいには金持ちの強欲な手は開き、アルドは自身の夢を実現する手段を得る。

アルド印刷所は一四九四～九五年のあいだに操業を開始した。彼とともに経営に参加したのは、未来の義理の父アンドレア・トッレザーニとピエルフランチェスコ・バルバリーゴだ。バルバリーゴは当時のヴェネツィアで重要人物であり、前述のように、アルドとはすでに面識があった。製紙工場を所有していた彼は、言うまでもなく出版活動に関心を示した。ちなみに、一四八六～一五〇一年にドージェを務めたアゴスティーノの甥に当たる。

ギリシャ語の教師だったアルド・マヌーツィオは、出版の仕事についてはまったくの素人で、紙の買い付け、職人の採用、印刷工の監督など、とにかくわからないことだらけだった。そこで、手取り足取り指導してくれる人物が必要となる。トッレザーニは、当時のヴェネツィアの出版業界では活躍のめざましいひとりだった。アルドが彼にこれまで縁のなかった知識人を紹介する代わりに、アンドレアは十五年以上営んできた印刷業の技術的な知識を彼に伝えた。だが、すべてが順調に運んだわけではなかった。一五〇三年、マヌーツィオは、それまでのあいだに工場の労働者と従業員のストライキが四回にわたって行なわれたことを認めている。労働者は「諸悪の根源である強欲さにそそのかされ、私の家で私に対して謀反を企てた。だが、神の助けによって私はすぐさま彼らを打ち砕き、いまでは彼らは裏切り行為を心から後悔している」。しかしアルド印刷所において、それ以外の賃金に関する揉めごとは明らかになっていない。

マントヴァ公国——一四四〇年の降伏以降ヴェネツィア領——のアーゾラで生まれたアンドレア・トッレザーニは、一四七〇年にヴェネツィア共和国に移り住み、ドイツ人のヨハネス・フォン・シュパイヤーの死後に活躍し、いくつかの点でアルドの先を行っていたフランス人ニコラ・ジャンソンとともに働いた。一四八〇年にジャンソンも死去すると、トッレザーニは活字だけでなく、出資者である銀行家のアゴスティーニ一族との関係も手に入れる。

トッレザーニは腕利きの印刷人だった。マルカントニオ・サベッリーコは一四八七年、その前年に史上初の著作権を与えられた『ヴェネツィア史』の出版を彼に託している。トッレザーニは進取の気性にも富んでいた。一四九三年には、キリル文字に先駆けて、ダルマチア地方で用いられているスラブ語のグラゴル文字による祈禱書を出版した。とはいうものの、トッレザーニは抜け目のない人物でもあり、大きな収益が確実に見込める法律書や宗教書も印刷して安全策を講じていた。それゆえ、ギリシャ語の本を出版するというアルドのアイデアに商機を見いだして身を投じたとしてもおかしくない。その一方で、文化的な価値を評価していたようには見えなかった。

出資割合はピエルフランチェスコ・バルバリーゴが五十パーセント、アンドレア・トッレザーニが四十パーセント、アルド・マヌーツィオが十パーセントだった。もっとも、共同経営の印刷所は独立しており、トッレザーニの他の事業とは関わりがなかった。出版する作品の選択はマヌーツィオに任された。おそらくトッレザーニにはそうした知識がなく、彼はもっぱら技術面と経営面に徹する。それに対して、マヌーツィオには価格を決定する能力もなかったようだ。その証拠に、一四九九年にはフィレンツェ出身の秘書アドリアーノ・マルチェッリに対して、売れ残り分は値引きすることができないと釈明して、本を贈呈している。

やや矛盾しているが、マヌーツィオは出版業を始めると同時に、自身が築き上げた知的な世界を少しずつ失っていく。一四九三年六月にはエルモラオ・バルバロが死去、アンジェロ・ポリツィアーノが逝ったのは一四九四年九月、その二カ月後、まさにフランス人たちがフィレンツェに来るころに、アルドの最初の支援者だったピーコ・デッラ・ミランドラもこの世を去った。マルシリオ・フィチーノは、アルドの手による自身の翻訳書を見届けるまで長生きした。だが、その彼も一四九九年に亡くなった。

アルドの印刷機のデビューは一四九五年二月、ギリシャ語の文法書とともに訪れた。ピエトロ・ベンボの師だったビザンティンの人文主義者、コンスタンティノス・ラスカリスの『問答集』である。準備については何もわかっていないが、当然ながら長くて骨の折れる作業だったにちがいない。少なくとも半年はかかったはずだ。序文には、アルドの出版方針とも言える箇所がいくつか見られる。「我々は全人生を人文主義の利益に捧げることにした。神に誓って、私は人類のために役立つ以上のことを望まない」。マヌーツィオは「この不幸に満ちた浮世における」戦争の恐怖や知識の浪費について述べている。

このバッシアーノの出版人のキャリアは苦難の連続だった。始まったのは、シャルル八世が侵入してイタリア戦争が勃発した一四九四年、そしてノワイヨン条約が締結され、ヴェネツィア共和国を地図から排除しようとしたカンブレー同盟戦争が終戦を迎える前年に、彼の死とともに終わる。「まさにイタリアが戦争に苦しみはじめた年に、私は学者の役に立つために、本を出版するというこの困難極まりない活動に着手した」とアルドは書いている。さらには「イタリア全土を荒廃させ、世界を土台から揺るがす（中略）恐ろしい戦争」に苦しむ時代において、文化の価値の回復を求めている。こうした出来事は本の世界に直接影響を及ぼしていた。「我々の時代のイタリアで、わずか数年のうちにすばらしい本の膨大なコレクションが散逸するのを目にしたのは、おそらく現実ではあるまい。不運にも図書館がいつのまにか閉館し、ツトガやゴキブリに占領されるのは、はたして夢なのだろうか」。

数少ない俗語による序文では（聖カテリーナの『書簡集』）、「陰鬱な人生や、こんにち世界で行なわれている残酷な行為」を非難し、それゆえ「身体の不自由な人はきわめて苦難を強いられる。医師はあいかわらず腐敗し（中略）悪人の世界、忌まわしい時代、人々の顔はもはや顔ではなく傷だらけの様相である」と断言している。

それでもマヌーツィオは、「これから出される多くの良書のおかげですばらしい時代となり、あらゆる残酷さが永久に一掃される」ことをあきらめない。そして希望を表わしている。「嫉妬深い者、無知な者、野蛮人（中略）は好きなときに好きなだけ文句を言い、侮辱し、邪魔をする。すばらしい時代は来る。かならず来る」。あるいは「いまは混乱した憂鬱な時代、本よりも武器の使用が普通である時代になった。だが、私はすぐれた本の在庫をじゅうぶん用意するまであきらめない」。そして「皆が武器ではなく本を手にすれば、虐殺も大罪も卑劣な行為も、無味乾燥な放蕩もあまり目にせずに済むだろう」。

さらには国軍の侵攻を目の当たりにして、当時の人文主義がナショナリストの痕跡を隠し、アルプスの向こう側の蛮族とは対照的な古代ローマ文化を復活させることに満足していた。考えや知識の普及が武器に対して堤防を築くのは周知の事実であり、ひいては希望である。

最初のうちはギリシャ語書籍の出版に専念したおかげで、マヌーツィオは半島を巻きこんだ政治事件や戦争によって勢いをそがれることはなかった。彼は、イタリアに広まった危機をヨーロッパ全体の危機として捉え、早晩失われるであろうヴェネツィアの一時的な安定に甘んじることもなかった。結果的に、ギリシャ文学の知識は若者にも大人にも「必要なもの」となる。

それゆえマヌーツィオは「つねに人々の役に立つこと」に身を捧げ、穏やかで落ち着いた生活を望むこともできたにもかかわらず、選んだのは「苦労の多い骨の折れる生活。なぜなら、人間は正直で教養のある者にふさわしくない娯楽を楽しむためでなく、勤勉に働くために生まれてきたからだ」。実際、アルドはこのうえなく多忙を極め、周囲にプレッシャーをかけられて、食べたり〝腸を空に〟したりする暇もなかった。「目の前に印刷職人がいて私が仕上げるものを待っている。おまけに荒々しく執拗に急き立ててくるせいで、私は鼻をかむこともできない」。それだけではない。「昼も夜も限界を超えて疲れ果てて」いて、仕事を辞めても構わないことを示唆している。「疲労は意に介さない。とはいうものの、その気になれば、たえず心身ともに健康で穏やかな生活を送ることもできる」が、心配することはない。「たとえ疲労困憊でも、それに耐えることに無上の喜びを感じ（中略）、どんなに大がかりな事業も、どんなに莫大な出費も恐れてはいない」。

疲労については自然科学分野の引用でも触れ、病は本人の心の持ち方次第だと強調している。「ツグミは自分から病気を追いかける」。プラウトゥスの表現は、より高尚だ。「鳥はみずから死を追い求める」（実際、鳥もちは鳥——とりわけ鳩とツグミ——の子宮のみで作られると言われていた）。当時は、鳥は自身の腸から子宮を体外に出して死ぬと信じられていたのだ。いずれにしても、風変りな信仰は別にして、マヌーツィオは次のように明言している。「私は自分の手で苦しみを生み出し、終わりのない煩わしさ、終わりのない疲労を手に入れた」。

すでに述べたが、マヌーツィオは出版人としてすべてを兼ね備えていた——洗練された知識人である半面、抜け目のない実業家で、最初の本から事業の経済面の重要性を訴えて、「文学を学ぶ若い貴族」に向けて「我々の疲労の成果をためらわずに」購入するよう呼びかけている。そうすれば若者は「ギリシャ文学の基礎」を学び、それと同時に「私はこれよりもはるかに重要で価値のある作品の出版に意欲的になれる」。同じ年に出版されたムゼオ・グラマティコの『ヘーローとレアンドロス』で、アルドはふたたび同じことを訴えている。「この本を手に取ってほしい。ただし無料ではなく、私自身がギリシャ語で書かれたすばらしい作品をあなたがたに提供できるように、私に正当な報酬を与えてほしい」。そして、こうも付け加えている。「あなたがたが与えてくれれば私も与えよう。それなりの資金を自由に使えないと出版ができないからだ」。クラストーネによるギリシャ語／ラテン語辞書（一四九七年）では、学者に向けて促している。「これはあなたがたの義務だ――出版物によって、あなたがたのみならず、衰退する文化をもっと容易に支援してほしければ、自身の費用で我々の本を購入してほしい。くれぐれも金を惜しまないこと。そうすれば、すぐにそうした本をすべて提供することができるだろう」

ムゼオの作品には、わずか十枚（二十ページ）の四折判の小冊子も付けられていた――クレタ島出身の正教とカトリックの司祭、アリストブロ・アポストリオの監修による『Galeomyomachia』、猫と鼠の戦いを描いた詩集である。彼の父親のミケーレはベッサリオン枢機卿の弟子にして友人だったが、一四九八年、金銭問題に関する争いによってアルドとの協力関係は破綻した。アポストリオは、のちにアルセニオの名でモネンバシアの大主教となる。ペロポネソス半島沖のこの島は、イタリア語では「マルヴァジア」と呼ばれ、同名のブドウから作られるワインの名にもなっており、ここから大量に輸出されていた。

出版活動を始めてから五年間は、マヌーツィオは若干の例外を除き、ほぼギリシャ語書籍の出版に専念した。その間、すでに説明したように、ギリシャ語の出版においてフィレンツェは首位を明け渡した。アテネ出身のデメトリオス・カルコンディレスが一四八八年にホメロスをはじめとする古典文学を出版したが、その三年後、彼は活動の拠点をトスカーナの街からミラノへと移し、みずから文法書を執筆して出版する。一四九四年、実権を握ったジローラモ・サヴォナローラにより引き起こされた改革の結果、フィレンツェでのギリシャ語の出版はとどめの一撃を受けた。

アルド印刷所におけるギリシャ語出版の推移については、次の章で説明するとして、ここではそれ以外のことを見ていこう。一四九八年の目録には、ラテン語の作品が二冊しか載っていないことはすでに述べた――ピエトロ・ベンボとアンジェロ・ポリツィアーノだ。大富豪のベンボ家が出版費用の一部を負担した可能性はじゅうぶん考えられる。それは、目録に掲載されていない他の三名の著者――いずれも医師――の本にも当てはまる。これらは委託出版だったために目録には載せなかったのかもしれないが、その二冊に関しては、掲載するに至った、より個人的な動機があったにちがいない。

アレッサンドロ・ベネデッティはパドヴァで医学を教えていたが、一四九四年、フォルノーヴォの戦いにヴェネツィア軍の外科医長として参加した。彼は歴史とルポルタージュを融合させた『Diaria de bello Carolino』を書き、二年後にアルドが出版した。ベネデッティの科学書の蔵書は、コスタンティノス・ラスカリスも訪れるほど有名で、マヌーツィオにとっては新たに出版する作品を探すのに役立った。さらにベネデッティは、アリストテレスが医学について述べている箇所をアルドに対して解説している。したがって、彼の〝出版許可〟は単なる金銭の支払いではなく、より広範囲にわたる考察の結果だった可能性もある。

やや異なるのが、ロレンツォ・マイオーロの学術書『De gradubus medicinarum』だ。マヌーツィオは一四九七年にこの本を出版するに当たり、予告編で内容を褒めてはいるものの、その作風とは距離を置く。伝統的な教育に則った表現は、彼の目には粗削りで、人文主義の洗練された文体とはほど遠く映ったようだ。ベネデッティと同様、マイオーロやヴィチェンツァ出身のニッコロ・ダ・ロニーゴ（レオニチェーノ）も、アリストテレスの医学に関する記述の解釈におけるアルドの協力者だった。レオニチェーノは同じ一四九七年に『Libellus de epidemia quam vulgo morbum gallicum vocant』を発表しており、文中にはアルドに対する惜しみない称賛が記されていた。ヴェローナのベネデッティも、ヴィチェンツァのレオニチェーノも、フランス軍の侵攻に続いてイタリアを襲った新たな病気について記述している。〝フランスの病気〟と呼ばれた梅毒だ。翌年も、マヌーツィオはレオニチェーノがヘビの毒について書いた『De Tiro seu Vipera』を出版する。

マヌーツィオは最初から注目すべき創意工夫を凝らしていた。古い写本の形式を再現し、一ページに二段組みで印刷したのだ。それ以前は一ページに一段が普通だった。アルドは読者を第一に考え、できるかぎり不明な点がないよう配慮した。そのため、カエサル著作集ではローマ帝国時代のガリアの場所を一覧にして、現代フランス語による地名も付記した。農業に関するラテン語の書物は、一年間の古代ローマの正確な時間を月別に計算する方法を説明した表を付けた。ホラティウスの写本は、綿密な韻律の研究に基づいて改訂した。

一四九八年、マヌーツィオは、教皇によって神聖ローマ帝国大使に任命されたヨハネス・ロイヒリンの祈禱書を出版する。ドイツの外交官がローマに招かれたことは、ドイツ国内で物議を醸し、プファルツ選帝侯とアルザス（現在のフランス）のヴィッセンブルクのベネディクト会修道院のあいだで真っ二つに意見が割れて、選帝侯が破門される事態となった。神聖ローマ帝国の大使は彼を擁護し、従来どおり祈禱書は出版される。ただし、類似書はローマでも出版され、イタリアのような第三国の利益は限られていた。この場合は高次元の論争であり、一流の出版人によって出版されたものの、明らかに商業的な成功とは言い難かった。マヌーツィオが祈禱書の出版に同意したとしたら、売り上げは度外視だったにちがいない。その一方で、自身のアカデミアをドイツに移すために、すでにこのころから神聖ローマ帝国の宮廷で功績をあげようとしていたことは考えられる。詳しくは後で見ていくが、いずれにしてもその願いは叶わなかった。

翌年になると、フランス王国の大使アクルス・メニエがヴェネツィアにやってきた。ミラノ公国の分割に関して一四九九年に二国間で結ばれた同盟の調印が目的だった。メニエはアルドと交友関係を持ち、詩人のアマセオはフランス・ヴェネツィア同盟軍の輝かしい未来を詩に詠って称えた。マヌーツィオはその作品を出版し、フランスの百合とサン・マルコの獅子、聖ペテロの鍵の紋章が刻印された立派な羊皮紙版がパリに保管されている。

その間、一四九八年五月十日にヴェネツィア共和国の上院は街にペストが広まっていることを認めた。それほど深刻な流行ではなく、たいした影響もなく収束したが、アルドも感染した。彼は明らかに恐怖に駆られ、回復したら修道院に入る誓約書を書いた。だが、ほどなく回復して、すぐに誓約を後悔し、同じ年の十二月六日に特免を願い出て、認められた。その際、彼は次のような言い訳を添えている――清貧に甘んじ、自身の出版の仕事を唯一の生計手段とする。

実際には笑止千万である――マヌーツィオの生活は清貧とは言い難く、それまでと同様に教師として多額の報酬を得ていたと思われる。いずれにしても、一四九九年八月十一日に特免状が届いたが、教皇アレクサンデル六世はトマーゾ・ドナ総大司教に対して、アルドの出版物を監視するよう書き送る。アルドが正教会と疑わしい環境に近いという噂が広まっていたのだ。それに対するマヌーツィオの答えは、一冊の本を出版することだった——冒瀆的で俗悪だと名高い『ヒュプネロトマキア・ポリフィリ』(ポリフィルス狂恋夢)、出版史上初めて、勃起した陰茎の挿絵の入った作品である。高位聖職者に取り入り、特免が認められたことを感謝するための手段としては、けっして最適ではない。その償いとして、翌年には聖カテリーナの『書簡集』を出版している。この二冊はきわめて重要な作品であるため、詳しく見ていくことにしよう。

それまではすべて計画どおりに出版を続けてきたアルドだったが、ここにきてペースが落ちる。その裏には、おそらく一四九九年にピエルフランチェスコ・バルバリーゴが死去し、彼の後継者がギリシャ語の出版は援助しないことになったという事情があるにちがいない。販売は継続されるが、部数は格段に減る(一五一三年の目録に掲載された、この時期の販売量は三分の一まで低下した)。一四九九年には、マヌーツィオは明らかに資金稼ぎのための作品を出版した。さまざまな形態で出版され、何度も版を重ねてきたラテン語の文献学の書物、ニッコロ・ペロッティの『コルヌコピア』である。この収益によって、アルドはギリシャ語の本二冊分の出版費用を賄うことができた。そのうちの一冊は、現在のすべての薬学書の元となった『薬物誌』だった。

バルバリーゴの後継者たちは——場合によってはトッレザーニも——新たな出版方針を命じる。アルドは従わざるをえなかったが、当座しのぎだったにちがいない処置をこのうえなく高尚な内容の文化的作品に仕立て、またしても人並外れた才能を見せつけた。

さらに当時のヴェネツィアは、オスマン帝国に対して敗北し、ヴェネツィア人が「ペロポネソス半島の眼」と呼んでいた重要な拠点であるコローネとモドーネを失ったせいで、大きな打撃を受けていた。ペストの流行と同じく、そうした出来事は神の罰と考えられ、街は贖罪の空気に包まれていた。とても敬虔なアルドは、おそらく見て見ぬふりをすることはできなかったのだろう。一五〇〇年に聖カテリーナの『書簡集』を出版したのも、それが理由だったにちがいない。ほかに同年に出版されたのは、ルクレティウスの詩集のみにとどまった。いずれにしても、マヌーツィオは翌一五〇一年の大躍進に向けて準備を進めていた――イタリック体を用いた小型本の印刷だ。現代まで生き残っている、この新たな発明については、一章を割くだけの価値があるだろう。ともかく、一五〇一〜〇三年にかけてはギリシャ語の出版は中断され、これを機にマヌーツィオの活動内容は大きく変わる。

それに続くのが八折判の古典文学だが、ほかにもまだある。一五〇二年十月、アルドはわずか八枚の八折判の小冊子を発行した。ジェノヴァ生まれの旅行家で商人のジョルジョ・インテリアーノによる『La vita et sito de Zychi chiamati Circassi』である。〝ジチ〟という擬古典的な名で定義されるコーカサスの民族が生き生きと描かれた作品で、『ポリフィルス狂恋夢』、聖カテリーナ、ペトラルカ、ダンテに続き、アルド印刷所で発行された五冊目の俗語の書物となる。誰が出版してもおかしくなかったが、アルドの序文での説明によれば、インテリアーノはポリツィアーノのかつての友人であり、マルコス・ムスロスとダニエーレ・クラーリオの友人だという（後者については後述）。

一五〇二年九月、ナポリを代表する人文主義者、ジョヴァンニ・ポンターノが自身の著書をマヌーツィオに送り、出版を依頼した。彼を敬愛していたアルドは、さっそく見本を製作し、他の作品もすべて出版する用意があると返信した。すでに七十三歳だったポンターノは一冊の詩集を選んだが、アルドの元に届くまでに紛失してしまった。そこで別の写本を準備したが、それも一五〇三年夏に配達人がパドヴァで病死してから一年ものあいだ行方不明となっていた。その間、ポンターノ自身も一五〇三年九月に息を引き取った。二年後、マヌーツィオはポンターノから送られた残りの本や、発見された作品を出版した。そのうちの一冊は、ピエトロ・スモンテによってナポリでも発行されるが、そこに至るまでには揉めに揉め、ヴェネツィアとナポリ間で手紙による衝突が幾度となく繰り返された。

だが、見過ごせないのはマヌーツィオの紳士らしからぬ態度だ。〝初版〟(写本の初の印刷書)の栄誉を得るために、彼は一カ月前の日付を入れたのである。言うまでもなく栄誉に値する行為とは言えないが、それによって——意外にも——ふたりの出版人の関係が壊れることはなく、その後も彼らの交流は続く。いずれにしても、その本はポンターノの作品を世に広め、一五一三年に増刷されたことからも、大きな成功を収めたのは間違いない。

結婚

アルドは一五〇五年初めに結婚する。相手はマリア・トッレザーニ、共同経営者アンドレアの二十歳になる娘だ。年齢は大きく離れていたものの——少なくとも三十歳——結婚生活は幸せだったようだ。マリアは五人の子どもを産む。息子が三人、マヌーツィオ（通称マルコ）、アントニオ、パオロ、そして娘がふたり、アルダとレティツィア。父親の事業の跡を継ぐのはパオロである。

その間、大きな変化が訪れる。その年の前半に、アルドはピエトロ・ベンボの『アーゾロの談論』を出版した。キプロス女王からアーゾロの女領主となったカテリーナ・コルナーロを称えた作品だ。そして、出版活動を始めてから十年目を迎えたアルドは、サンタゴスティンの印刷所を閉鎖して、サン・パテルニアンにある義理の父の家に移り、そこでさらに十年間働く。

アルドは中央ヨーロッパの知識人たちとのあいだに確固たる人脈を築いた。そのことを示す、各地から彼に寄せられたラテン語の手紙は現在、ミラノのアンブロジアーナ図書館に保管されている。だが、マヌーツィオの第二の印刷所は跡形もない。サン・パテルニアンの教会や、世界で唯一だった十世紀の五角形の鐘楼を含め、その一帯は一八六九年、ヴェネツィア貯蓄銀行本店とダニエーレ・マニンの像に明け渡され、現在はマニン広場となっている。

ミラノ時代

アルドは一年間のサバティカル休暇のようなものを取る。一五〇六年は一冊も出版せずに、従業員を解雇して、「手で書かれた作品」を探すためにヴェネツィアを離れた。妻マリアとともに、まずはミラノ、その後はクレモナとアーゾロへ向かった。アーゾロでは義父の親戚宅に滞在したと思われる。出発に当たり、現存する三通の遺言書の一通目を作成した。これはフラーリ国立公文書館に保管されている（三通目も。二通目はフェッラーラにある）。一五〇六年三月二十七日付けで、公証人フランチェスコ・ダル・ポッツォの「本遺言書は我が手によって起草」の一文がイタリア語の俗語で記され、裏面には錨とイルカのロゴマークの封蠟が三箇所に施されている（一箇所には剝がされた痕跡がある）。表から裏の半分にまで及ぶ本文は自筆のもので、国立マルチャーナ図書館で長年アルドの原稿を研究している司書のティツィアーナ・プレバーニによると、「彼の有名なイタリック体を思わせる、整然と斜めに傾いた」美しい筆跡である。当時、旅は遺言書を作成するほど危険に満ちたものだと考えられていたにちがいない。マヌーツィオは「私が所有するギリシャ語の全写本」をアルベルト・ピオに、「残りの蔵書」は甥に遺すと記している。

翌日、アルドとアンドレアは公正証書に署名して、互いの不動産と財産をまとめて管理することに合意する。その結果、マヌーツィオの持ち分は二十パーセント、残りの八十パーセントは義理の父親に委ねられる。ふたりの「義兄弟」関係は、一五一四年まで解消と復縁を繰り返した。

ミラノでは、街で最も著名な人文学者たちと出会う。なかでもヤコポ・アンティクアーリは、すでにミラノ公ルドヴィーコ・スフォルツァ（通称イル・モーロ）の秘書官と教皇庁書記官を兼ねていた。一四九九年のフランスによる征服ののち、アンティクアーリはすべての職を放棄したが、温情によって新たな政府にも留まり、一五〇九年、アニャデッロの戦いでヴェネツィア共和国に勝利を収めたフランス王ルイ十二世のために祈禱を捧げている。そのほかにもアルドは、フランス王国の財務官で、愛書家としてアルドの出版物を収集していたジャン・グロリエ、前述のミラノ公国上院議長ジェフロワ・シャルルなどと会っている。このロンバルディアの街では、マヌーツィオは修道士で作家のマッテオ・バンデッロの家に滞在していた。彼の『物語集』第十五篇で、アルドに語りかけている箇所がある。

若い研究者のために、さまざまな言語で多くの本を印刷したのは、あなたがはじめてだ。あなた自身、まだ若いにもかかわらず、文字は美しく洗練され、本は丁寧に校正され、そのうえすばらしい作家の著作を可能なかぎり世に出そうと努めている。そして、そのためには資金も労力も惜しまない。まさにあなたの偉大で善良な精神が表われた行為にほかならない。

マントヴァでの拘留

一五〇六年七月、ロンバルディアからヴェネツィア共和国へ戻る途中、アルドはマントヴァ侯爵領に立ち寄り、不愉快な人違いによって、「どこから見ても潔白の身であるにもかかわらず、大いなる不名誉とともに、おぞましい場所」、すなわちカンネート・スッローリオからほど近いカザルロマーノの「このうえなく不快で不潔な牢獄」に数日間、留まるはめになった。この一件についてびっしり書きこまれた書簡が、マントヴァ国立公文書館に保管されている。

この経緯を理解するには三年前に遡る必要がある。一五〇三年九月、アルド・マヌーツィオはイザベッラ・デステ・ゴンザーガに手紙を書き、アルドのサンタゴスティンの印刷所で働いていたフェデリーコ・ダ・チェレザーラに対して恩赦を求めた。彼は「財産分割の最中に」口論となり、兄弟を殺して「二年間拘留され」、その結果、母親のジョヴァンナがひとりになり、誰も彼女のことを気にかける者がいなかった。アルドは侯妃に対して、彼が母親のもとで「生活して死ぬことができるように罪を赦してほしい」と訴えた。恩赦はクリスマスの時期に認められ、翌年一月三日、マヌーツィオは感謝の手紙を送る。そこまでは順調だった。ところが一五〇四年の夏、恩赦は侯妃が夫のフランチェスコ二世・ゴンザーガの知らぬあいだに認めたという理由で無効となり、フェデリーコ・ダ・チェレザーラはふたたび投獄される。アルドは再度イザベッラに手紙を書き、その状況に対処するよう懇願した。その結果、どうにか無事に解決したにちがいない。一五〇六年夏、バッシアーノの出版人は、「家族」と呼ぶフェデリーコを連れて馬でマントヴァへ向かっている。

マヌーツィオがカザルロマーノの牢獄からマントヴァ侯フランチェスコに宛てて出した最初の手紙は、七月十七日付けになっている。手紙は全部で三通だが、内容とは関係なくいくつか興味深い点がある。まず、アルドはこのときはじめて〝ピオ〟と署名した。それ以前は、その数年前から正式に認められてはいたものの、カルピ領主の名を用いたことは一度もなく、単に〝アルド・ロマーノ〟と記すだけだった。さらに、筆跡は急いで書いたように乱れている。侯妃宛ての書簡では、几帳面で細かく正確な書体だった。ところがこの三通は——解放されたのちにアーゾラから出した四通目の手紙と同じく――大きく書き殴ったような文字で、五百年経ったいま見ても、書き手の怒りや不快さが伝わってくる。

マヌーツィオがゴンザーガに説明したところによると、カザルロマーノを通りかかった際に侯爵の警備兵に足止めを食らったという。追放の身で衣服の襟を立てていたフェデリーコは、身元がばれるのを恐れて逃げ出し――「彼は私の服や、そのほかの物を投げ捨てて逃げた」――マントヴァとヴェネツィア共和国のアーゾラを隔てる川まで来ると、馬を乗り捨て、川を泳いで渡って安全なヴェネツィア共和国の領土内に逃れた。アルドは釈放と没収された財産の返却を求めて手紙を締めくくっている。

侯爵と国境警備兵とのやりとりから、さらに詳細が判明した。この事件は、実際には不運な偶然が原因だった。七月十五日、フランチェスコ二世は、その地域を通過するはずのポンペーオとバスティアーノという人物を逮捕するよう命じる。その翌日、国境に配置されたジョヴァンニ・ピエトロ・モラーロは、ふたりの男が通りかかるのを見て、お尋ね者だと思い、行く手を遮って尋問した。

「彼らはヴェネツィアへ行くと言いました」とモラーロは報告している。「ふたりともヴェネツィア人だということでしたが、話しているのはヴェネツィアの言葉ではなかったので、まったくそう見えませんでした」。実際、マヌーツィオの言葉はラツィオ訛りで、ヴェネト方言ではなかったはずだ。さらにモラーロは、その人物がマントヴァ方言でもないことに気づいて怪しむ。すると警備兵が手綱をつかみ、ふたりに顔を見せるよう求めた。だが、フェデリーコは「馬を蹴って逃げた」と、アルドは七月十八日付けの二通目の手紙に書いている。つまり――モラーロの報告によれば――「すぐさま馬に飛び乗り、国境を越えてアーゾラの民家に逃げこんだ」。一方、身柄を拘束したほうの人物は〝アルド・ロマーノ〟と名乗り、侯爵の知り合いだと主張した。

だが、マヌーツィオが期待したほど事態はすぐには解決せず、七月二十日――すでに投獄されて四日目――に、ふたたびフランチェスコ二世・ゴンザーガ宛てに手紙を書き、自分は「あらゆる点において無実」で、閣下の「忠実な僕」であると断言したうえに要望まで出している。曰く、「ペストの感染が疑われる」ため、ヴェネツィアに入る前に「四十日間《クワランタ・ディー》」待機しなければならないので、マントヴァには移送しないでほしい。「不便極まりない」ことであると。

ところで、この四十日間の隔離に対する言及は、きわめて興味深い。当時はまだ〝検疫期間《クワランテーナ》〟という言葉は定着しておらず、こんにちのように衛生上の意味で用いられるようになったのは十六世紀後半に入ってからだ。さらに、ヴェネツィア共和国では〝検疫《コントゥマーチャ》〟と呼ばれていた。それゆえアルドの手紙によって、十六世紀前半には、すでに〝四十日間〟の語義が典礼から衛生上のものへと変化していることが明らかになる。アルドはペストが流行していないカンネートへの移送を希望する。同日、ヴェネツィア出身のアーゾラの司祭ニコロ・プリウーリは、アルド・ロマーノは「徳の高い」人物であると侯爵に宛てて手紙を書き、「所持品と金を返して、くつろいで過ごせる」ようにしてほしいと頼んでいる。

だが、最終的に解決に導いたのはジェフロワ・シャルルだった。ちょうどそのころ、このミラノ公国上院議長はフランス王の特使として、「三十頭の馬と歩兵隊」とともにマントヴァへ向かっていた。そして、その間にカンネートの行政長官の元へ送られたアルドの身柄を引き受けたのは彼だった。七月二十二日、フランチェスコ二世は行政長官に対して、「彼のすべての服、金、本、馬とともに」アルドを「ミラノ上院議長」に引き渡すよう命じる。この一部始終については、アルド自身がホラティウスの詩集（一五〇九年）に記したシャルルへの献辞において語っている。

こうして一件落着となり、三日後の七月二十五日、マヌーツィオはマントヴァ侯に礼状を送って、こう書き添えた。「私はけっして不法に扱われて黙っている人間ではありません」。これは侯爵の手紙と入れ違いになる。実際、同じ日にフランチェスコ二世・ゴンザーガはアルドに対して釈明している。「あなたのような立派な肩書とすばらしい徳を兼ね備えた方が、警備兵に拘束される第一号となってしまったことは誠に遺憾である」。最後に食事が振る舞われ、アルドは皮肉を交えて立場の逆転を明かしている。つまり、拘留された最初の晩に「百人の兵士に囲まれて」ほかならぬ彼を召喚した役人が、そのときは立ったまま客に仕え、夕食のあいだ、会の主催者の役割を引き受けて、最後に非人道的な扱いをしたことを詫びたのだ。

ヴェネツィアへの帰還

マヌーツィオは一五〇七年にヴェネツィア共和国に戻り、義父の印刷所の中で出版活動を再開する。十月二十八日、エラスムスから手紙が届いた。エウリピデスのラテン語版の出版を依頼するために、ヴェネツィアを訪れるという。不朽の名作を忠実に再現できるのは、このうえなく美しいアルドの活字だけだからだ。いずれにせよ、エラスムスとアルドの実り多い関係は、詳しく記述しておくだけの価値がある。

一五〇八年八月十一日、マヌーツィオは十六世紀初頭のヴェネツィアの文化的生活を象徴する催しに参加した——修道士のルカ・パチョーリがサン・バルトロメオ教会で運営するリアルト学校の新学期の開講講義だ。アレッツォのボルゴ・サンセポルクロで生まれたフランシスコ会のパチョーリは、イタリアのルネサンス期を代表する数学者のひとりでもある。一四九四年にヴェネツィアで出版された『スムマ』は複式簿記を普及させるのに貢献し、出版された場所に因んで「ヴェネツィア式簿記」と呼ばれる。

講義には五百名が出席した。すなわち最も重要な外国人を含む、おもだったヴェネツィアの顔ぶれが残らずそろったことになる。のちにパチョーリ本人が、一五〇九年に出たエウクレイデスの『原論』で九十五人の名を挙げているが、誰もが知る人物ばかりで、そのなかにはアルド・マヌーツィオも含まれていた。興味深いのは、紛れもないヨーロッパの出版の中心地において、出版人がほとんど欠席していることだ。マヌーツィオを除けば、出席者は初の楽譜を出版したオッタヴィアーノ・ペトルッチのみである。アルドの義父アンドレア・トッレザーニも、ほかの誰も見当たらない（もちろん名前の挙げられていない四百五名に含まれている可能性はある）。それに対して、マヌーツィオの友人は積極的に参加していた。ベルナルド・ベンボ（息子のピエトロは、このときヴェネツィアに不在で欠席）、印刷所の同僚で、アルドの死後は息子パオロの家庭教師を務めたジョヴァンニ・バッティスタ・エグナツィオ、そしてノーラ出身のアンブロージョ・レオーネ。レオーネは一五〇七年にヴェネツィアに移ってから、アルドとともに働きはじめた。エラスムスは（彼の名は記されていない。欠席したのか、あるいは当時はまだパチョーリの目に留まるほど有名ではなかったのかはわからない）『格言集』でレオーネを「類まれな哲学者」と評している。出席者のなかには公証人のダル・ポッツォも含まれていた。その二年前にマヌーツィオの遺言書を作成した人物である。

二度目のフェッラーラ

ヴェネツィアの空を暗雲が覆っていた。一五〇八年十二月十日、フランスのカンブレーで、ある強国に対するヨーロッパ初の列強による同盟が結成される。参加していない国を挙げるほうが早い——すなわちイギリスである。カンブレー同盟の目的は、ヴェネツィア共和国を地図から消し去ること（地図については、のちほど少し触れるが、本書では深く掘り下げない）。一五〇九年、ヴェネツィア軍は二度にわたる壊滅的な敗北を喫した。アニャデッロでの地上戦（五月十四日）とポレゼッラでの水上戦（十二月二十二日）である。五月の敗戦後、アルドはアルフォンソ一世・デステと、とりわけ妻のルクレツィア・ボルジアの庇護を求め、家族を連れてフェッラーラへ向かった。アンドレア・トッレザーニはサン・パテルニアンの印刷所に留まる。ヴェネツィアが勝利を収めれば、トッレザーニは所有権を行使することができ、同盟軍が勝てば、アルドはルイ十二世の相談役としてカンブレーに滞在中のアルベルト・ピオに援助を求めることができる。いずれもヴェネツィアの力では実現できないことだった。一五〇五～一二年にかけて、アルベルト・ピオに対する献辞がなかったことも、印刷所がアンドレアの単独所有であるとする主張に有利に働いた可能性もある。当時のヴェネツィアで広まっていた、カルピ領主に対する評価を考えると、抜け目のなさは無駄ではないようだ。ピオの手紙は「けっして本音を言わず」、教養があって立派な人物でも「完全に誤解するかもしれない」と、一五一〇年五月にマリン・サヌードが書いている。その一カ月前、ピオはルイ十二世の特使としてローマにおり、ヴェネツィアは教皇に対して「アルベルト・ディ・カルピ殿下の言葉を真に受けない」よう警告している。

だが、同盟と同じく世間の評価も変わり、一五一一年、アルベルト・ピオは神聖ローマ皇帝の特使――今度はフランスの敵――としてヴェネツィアを訪れ、別の年代記作者ジローラモ・プリウーリは「このうえなく狡知に長け、偉大な教師かつ優れた賢者」であると描写している。サンティ・ジョヴァンニ・エ・パオロ聖堂のドミニコ会修道院に自費で宿泊していたアルベルトは、神聖ローマ皇帝の返事を待つためにヴェネツィアに足止めされた。前述のとおりマヌーツィオは不在だったものの、カルピ領主は多くの人と会って時間を過ごした。マリン・サヌードの家も訪ねているが、このとき同行したのは、一四九九～一五〇三年にカルピに滞在し、ピオ家の宮廷でギリシャ語の教師と司書を務めたマルコス・ムスロスである。アルベルトはアンドレア・トッレザーニ宅に貴重なアラス織りの布を持参している。現在では残っていないが、当時すでにフランスに接収されていた王宮から持ち出したものだった。

ここで、もう一度戦争の話に戻ろう。一五〇九年十二月二十二日、ヴェネツィア艦隊がポー川でエステ家の砲兵隊によって壊滅的な大敗を喫したとき、アルドはフェッラーラにいた。その五日後の二十七日、凱旋行列の先頭アルフォンソ一世は六十枚ものヴェネツィアの軍旗を妻ルクレツィアの足元に投げた。だが、マヌーツィオはそのときの彼女を数年後の献辞で「神々しい」と表現する。サン・マルコの獅子が描かれた旗は、土埃のなか、フェッラーラ大聖堂まで引きずられ、その後、数世紀にわたって展示される。そのとき、はたしてマヌーツィオは何を思ったのか。つい数カ月前までヴェネツィアにいて、名声と富を街にもたらしてきたというのに、その街が戦に敗れ、辱めを受けているのだ。いずれにせよ、何を感じたとしても、それを示す資料は残されていない。

一五一〇年三月十二日、リオネッロ・ピオはアルドにノーヴィの城に移るよう勧める。そこにはすでに戦争でミランドラを去らざるをえなかったジョヴァンニ・ピーコがいた。義父はヴェネツィアから離れた場所で出版活動を再開することに同意していたが、マヌーツィオはその申し出を辞退した。

一五一一年、彼はボローニャとシエナを訪れてエラスムスと会い、一年後、ヴェネツィアに戻った。

ふたたびヴェネツィア

マヌーツィオがヴェネツィアに戻ってきた一五一二年には、まだ政治的状況も軍事的状況も混迷を極めていた。翌一五一三年、ヴェネツィアの敵国はまたしても「塩辛い堤防」、すなわちラグーンの際まで迫ってくる。今度はスペイン軍が潟の端で射石砲や大砲を組み立て、街を砲撃しようともしたが、ヴェネツィアにとって幸運なことに、十六世紀の兵器の射程距離はじゅうぶんではなかった。出版活動は、高水準のギリシャ語書籍と、引き続き八折判によるラテン語の古典文学シリーズで再開される。そのうえ戦争の影響で、多くの文学者が（同盟軍に占領された）パドヴァを離れ、ヴェネツィアに避難してきた。マルコス・ムスロスもそのひとりで、プラトンやギリシャの修辞学者の作品の監修に当たった。

ここで宗教問題について言及しておく。アルドは揺るぎない信仰を持ち、教会の規律に忠実で、つねに模範的存在だった。宗教改革の波はすぐそこまで押し寄せていたが、マヌーツィオはヴィッテンベルクの教会の門に貼り出されたマルティン・ルターの文書を目にする機会を逸した。それは一五一七年、すなわちマヌーツィオがこの世を去ってから二年後のことだった。

だが、エラスムスとの深い友情を考えると、ふたりが宗教の問題について一度も話し合わなかったということは、おそらくありえないだろう。エラスムスは改革には同調していなかったが、カトリック教会に対する批判によって、新教徒のあいだで名を知られるようになり、彼の作品、とりわけ『痴愚神礼讃』は一五五九年の初版から『禁書目録』に載せられた。

アルドは教会の刷新や改革の流れに身を置き、必然的にヴェネツィアの人文主義者のグループに近づく。なかでもカマルドリ会修道士のトンマーゾ（パオロ）・ジュスティアーニやヴィンチェンツォ（ピエトロ）・クエリーニをはじめ、個人の救済を願い、祈りや瞑想に政治的動乱からの避難を求める、いわゆる「ムラーノ・サークル」と呼ばれる若い貴族たちと交流を持った。このふたりの修道士は、教会の腐敗を正すための提言が示された『Libellus ad Leonem X』の著者で、アルドの出版物がそろった蔵書をカマルドリ修道院の隠修士の庵に持ちこんだ。

これまでにも何人かの研究者が、異端の宗教的立場に対するマヌーツィオの固執について、とりわけ言語の問題、「きちんとした俗語」の普及、伝統と無関係の精神性との関連について深く掘り下げようと試みた。言語と宗教改革運動とのあいだにつながりがあるのは間違いない。というのも、カトリック教会は、聖典の解釈が自身および聖職者の固有語、すなわちラテンを知る者の軌道から外れないようにするために俗語の聖書を禁じたからだ。だが、アルドが意図的にせよ無意識にせよ、ローマ教会に属さない宗教の解釈を広めるために俗語の使用を促したかどうかは、いまなお数ある謎のうちのひとつのままである。

確かなのは、出版人としての二十年のキャリアで、アルド・マヌーツィオ・イル・ヴェッキオが百三十二冊の書籍を出版したことだ。うち七十三冊は古典文学（ラテン語が三十四冊、ギリシャ語が三十九冊）、俗語のイタリア語書籍が八冊、ラテン語の現代作品が二十冊、スコラ哲学書が十八冊（十二冊がギリシャ語）。残りは小冊子や取るに足らない書物だ。すべての出版人によるギリシャ語の四十九の初版のうち、アルドだけで三十冊を出版した。そして全初版本のうち、三十三冊が八折判である。一五〇六〜一二年の戦時中は十一冊にとどまったが、それ以外は年間平均で十一冊だった。つい数十年前まで続いていたように、棚からピンセットで活字を拾って組版を行なっていた時代に、ほぼ一カ月に一冊のペースを維持していたのだ。発行部数は合計で約十二万部だったと推測されている。ギリシャ語が印刷された用紙は合計四千二百十二枚で、ラテン語の千八百七枚の倍以上だ。アリストテレスの五冊だけでも千七百九十二枚に及ぶ（イタリア国内の図書館で、アルドの手による千三百三十九枚の原紙が確認されている）。ラテン語の書物の多くはギリシャ語の派生作品だと考えられていた。たとえば、一四九九年に出版された天文学書の大半は、ギリシャ語からラテン語に翻訳されたものである。アルドがヴェネツィアの上院に特許を申請した際には、ギリシャ語書籍のみを対象としている。

では、その名高いアルドのギリシャ語書籍を詳しく見てみることにしよう。

第4章 アリストテレスとギリシャ古典文学

アルド・マヌーツィオの出版方針は、少なくとも最初のころは、ギリシャ語の教師としての計画を反映したものだった——学習に必要なテキストを生徒に与え、言語の知識が不十分な場合には、習得するための本、すなわち文法書も提供する。

実際、十五世紀末には古代ギリシャ語に対して新たな興味を示している。「我々の時代には、ほぼ全員が非文明的であることを拒み、ラテン語でなければギリシャ語を学ぶ」と、ある序文でマヌーツィオは指摘している。また別の序文では、「戦争で武器の真っただ中にあっても、何世紀ものあいだに色褪せ、忘却の彼方に葬られたあの文字が、ふたたび脚光を浴び（中略）、少年や若者だけでなく、年配者もきわめて熱心にギリシャ文字を勉強している」。

したがってアルドがその波に乗り、前述のとおり、出版人として最初に手がけたのがギリシャ語の文法書、コンスタンティノス・ラスカリスの『問答集』だったことも驚きではない。彼は序文で次のように書いている。文法が「疲労と多額の出費、そしてあらゆるギリシャ語書籍の出版のための途方もない準備への序章となっている事実は、ギリシャ文字を学びたいと熱望するおおぜいの人々に起因する。（中略）ギリシャ語の学習を始めたばかりの人にとって少なからず好都合で便利だと考え、ラテン語の翻訳を付記することにした。（中略）学者や知識人のために、近い将来、ギリシャ語のすばらしい作品をすべて出版する予定である」。そして正真正銘の宣言で締めくくっている。「我々は動物のごとく、大食、怠惰、その他すべての不徳にはけ口を求め、人生を無駄に過ごすつもりはない」。

一冊では終わらない。二月にラスカリスが出て、その十カ月後の十二月には、テッサロニキ出身のテオドール・ガザによる二冊目のギリシャ語の文法書が出版される。だが、いささか驚いたことに、アルド自身によるギリシャ語の文法書はなかった。出版事業を始めた当初、彼がラテン語の文法書を執筆して出版したことは前述のとおりだが、ギリシャ語の文法書が世に出るのは彼の死後、一五一五年のことである。友人にして仲間のマルコス・ムスロスが監修に当たり、自分に対して瀕死のアルドが最後の「子ども」を託したと明かしている（手稿は現在もミラノのアンブロジアーナ図書館に保管されている）。

テオドール・ガザの文法書は、パルマから三十キロほど離れたソラーニャの公共図書館に一冊保管されており、おそらくアルド自身によるメモがペンで書きこまれている。自筆だと推定される根拠は、ひとつには、再版を見越して、すでに印刷された本の余白に訂正を書きこむ習慣のあったことがわかっているからだ。そして筆跡は、アルド本人のものと判明したアンブロジアーナ図書館の手稿と酷似している。

一四九八年、さらなるギリシャ語の文法書が出る。著者はベッルーノ出身のフランシスコ会修道士ウルバーノ・ダッレ・フォッセ、のちにボルツァーニオとして知られる人物である。ギリシャ語の翻訳版ではなく、最初からラテン語で書かれ、しかもギリシャ人ではなく、人文主義者のイタリア人によって編集された初の文法書だ。この本はベストセラーとなり、ガザのものには及ばなかったものの、十六世紀には合計で二十一版を記録する（イタリアで十二版、海外で九版）。ウルバーノは一四六〇年代から長期間にわたってシナイ半島を旅し、アテネにも立ち寄って、パルテノン宮殿に感銘を受けた（だが、壮大な神殿を「ローマ建築」と表現するなど、やや勘違いをしている）。ギリシャやローマの碑文、エジプトのヒエログリフまでも書き写すが、判読することはできなかったと打ち明けている。戻る途中、コンスタンティノス・ラスカリスのギリシャ語の講義を手伝うために、しばらくメッシーナに滞在する。ヴェネツィアに到着したのは一四九〇年で、その後はマヌーツィオとともに書籍の改訂に勤しんだ。「多くを付け加え、このうえなく多くを訂正した」とアルドは書いている。「今回は優秀なフランシスコ会修道士ウルバーノの協力があった」。

ウルバーノは後世に名を残し、彼を記念した碑板は読まれることはなくても、多くの人が目にしている。それはサンタ・マリア・グロリオーザ・デイ・フラーリ聖堂の側面の扉口の左側にある。右側の碑板は甥のピエトロ・ヴァレリアーノに捧げられている。ウルバーノにボルツァーニオの名を与えた人物で、その碑板は、叔父のすり減ってほとんど読めなくなったものに比べると保存状態はきわめて良好だ。

「若者は、学習で使う本をみずからの手で書き写すことを推奨されるだけでなく、義務づけられている」とアルドは明言している。そこで、読み方を教える教科書とともに、読むための教科書も登場する。すでに述べたように、マヌーツィオは初めてギリシャ語の本を出版した人物ではなく、非ギリシャ人のためにギリシャ古典文学を出版した初めての外国人である。彼の書籍はすべてがイタリアを主要市場としているわけではなく、明らかに生まれ故郷に暮らすギリシャ人に向けて出されたものもある。

一四九六年二月、マヌーツィオは初めて出版されるテオクリトスを含めた複数の著者の選集を手がける。その本は彼のギリシャ語の師、バッティスタ・グアリーノに捧げられた（そのおかげでグアリーノが彼の師であることが判明した。アルドの人生や、当時の盛んな文化生活における人間関係を理解するには、やはり献辞や序文が必要不可欠である）。そして序文では、いわば利用方法のようなことが書かれている。「誤りのある段落を見つけたら（実際、あることは否定できない）（中略）悪いのは私ではなく写本である。実際、テキストを修正することは約束できないが（中略）（あまりにも脱字が多く歪んでいるために、著者がよみがえったとしても直すことはできないだろう）、次回は同じ写本でより正確に印刷できるように力を尽くすつもりだ」。そして、繰り返し言う。「くれぐれも（中略）私のせいにしないでほしい。責めるのなら元になった作品を責めるべきだ。（中略）実際、責任の所在は写本の誤りにあり、私にではない。文法の教科書でこれ以上ひどいものはない。すべてが細かく、何ひとつ完全ではなく、何ひとつ完璧でもない」。さらに続く。「すぐれた古典作品を探し、その写本をなるべく多く入手すると同時に、それを隈なく調べて訂正してから印刷工に託してばらばらにしてもらうために、私は力を惜しまなかった」。したがって、「この険しく代償の大きな活動において、我々の手であらゆることが最大限の注意を払って行なわれる」。

競争相手

アルドの事業は大きな成功を収め、一四九九年には競争相手が現われる。六年間の修業を経て、クレタ島出身のザッカリア・カリエルジ（ヴェネツィアではカレルジ）とニコロ・ブラスト（ヴラストス）がギリシャ語の出版社を立ち上げ、七月八日に『大語義辞典（Etymologicum magnum）』の初版が出版された。十二世紀半ばにコンスタンティノープルで編集された辞典である。二百二十四枚から成る二折判の大型本は、マヌーツィオが出版したギリシャ語の本よりも上品な仕上がりだった。活動資金を用意したのは、一四五三年のコンスタンティノープル陥落でスルタンによって殺害された東ローマ帝国の有力公爵の娘、アンナ・ノタラ。ヴェネツィアのギリシャ人共同体で影響力を持ち、尊敬を集めていたアンナは、オスマン帝国の征服によって失われつつある祖国の遺産を守る機会を逃さなかった。このとき彼女に助言を与えたのが、のちにアルドに協力するマルコス・ムスロスである。

だが、この出版については不明な点がいくつかある。カリエルジとブラストがアルド印刷所のライバルだったのは確かだが、『Etymologicum magnum』というのは、アルドが出版を予告する際に用いたラテン語のタイトルだった。盗用されたのか、はたまた出版中止について合意のようなものがあったのか。それは誰にもわからない。その後、ふたりのクレタ（カンディア）人は、マヌーツィオが予告していた他の作品も出版した。シンプリチオとアンモニオスによるアリストテレスの注釈書と、ガレノスの医学書である。利益を目的とした、礼儀に欠ける行為と言わざるをえない。それだけではなかった。というのも、彼らは出版する作品を探すためにアルドと同じ人物に問い合わせている。そのひとりが、当時フェッラーラで暮らしていた医師で人文主義者のニッコロ・レオニチェーノだ。

その結果、裁判所でちょっとした火花が散らされていても不思議ではなかった。自身の利益を守るためであれば、たとえ司法官の前でも、アルドはけっして後には引かないだろう。だが、実際にはとりたてて諍いはなく、ムスロスはすんなりとアルドの元に移り、アルドは競争相手の売れ残った本のうち、少なくとも一部を引き取った。合意か、友情か、明確な、あるいは暗黙の協定があったのかは定かではないが、我々の知るかぎり、双方が反目し合っていた事実はない。

カリエルジとブラストによって出版された数少ない書籍は、きわめて美しく洗練されたものばかりだったが、カリエルジの名はほどなく消え、一五〇〇年十月にはガレノスの出版は完全に中断されている。印刷所がリッポマーノ銀行の倒産（一四九九年三月）の巻き添えを食った可能性もある。主要な債権者のひとりが、ほかならぬニコロ・ブラストだった。おそらくしばらくは活動を続けたが、すぐに白旗をあげたにちがいない。

一方でアルド印刷所の資金繰りは、一四九九～一五〇〇年にかけて連鎖した銀行倒産を生き延びた二行のうちのマフィオ・アゴスティーニ銀行のおかげで盤石だったが、いずれにしても、きわめて厳しい時代であることに変わりはなかった。すでに一四九九年には、数十年前に百五十～二百ほどあったヴェネツィアの印刷所は三十六にまで減少し、一五〇〇年にはさらに二十七となる。カリエルジは一五〇九年に単独で印刷所の再開を試みるが、またしても不運に見舞われた――アニャデッロの戦いで事業どころではなかったにちがいない。それを最後に道は永久に閉ざされた。

再発見された写本

アルドと協力者たちは、良好な状態の写本を探すのにつねに苦労していた。頼りにしたのは、ロレンツォ・デ・メディチによってギリシャに派遣されたヤヌス・ラスカリスだ。フィレンツェの領主は、興味深い写本を探すために彼に財布の紐を握らせ、ヤヌスは期待を裏切らず、アトス山の修道院で貴重な宝を発見した。ウィーンからは、修辞学および医学の教授ヨハネス・シュピースハイマー（通称クスピニアン）が、それまで埋もれていたヴァレリオ・マッシモの著作が収められた写本の存在をマヌーツィオに知らせた。マヌーツィオは序文で彼に謝意を伝えている。「クスピニアヌス（クスピニアン）、あなたの厚意は山ほどの金と宝石を贈られるよりもうれしい。

そうした物は消費して、使い果たし、失われてしまうのに対して、これは（中略）印刷という神の贈り物によって、それを作り出す者の内にも、手にする者の内にも永遠に留まる」。

マヌーツィオは、できるだけ同じ作品の写本を複数冊手に入れようとした。全員で読みこみ、可能なかぎり文献学的に正しい版を作成するためだ。「最低三冊の写本がそろわなかったため、この計画は先送りにする」と説明して、クセノポンの出版を断念するほどだった。あるいは大きな事故に見舞われたこともある。たとえば「このうえなく博学な哲学者で医師」、ベルガモ出身のフランチェスコ・ヴィットーリの一件だ。彼の家が「とつぜんの火事でまたたく間に消失し、先日話した注釈集も、両国語のすばらしい書籍が勢ぞろいした彼の蔵書もすべて不幸なことに炎にのみこまれた」。

だが、運よく物ごとが順調に運び、探していた写本が見つかることもあった。一四九九年には、ルーマニアで発見された写本について勝ち誇ったように報告している。「ゲタイ族の地からはるばるイタリアへ完全な状態で戻ってくる。（中略）これまで手にしていたものは、ひどく汚れて一部が欠け、半分にちぎれかけていた」。とはいうものの、「何もないよりはましである」。

一方でマヌーツィオは、読者に対して協力を呼びかけている。教科書が「出版された暁には、少なくとも時間が経つにつれて多くの人に間違いを指摘してもらえるだろう」。すなわち、普及が修正に有利に働くということだ。そのためには、つねに当時の読者を念頭に置く必要があった。具体的には、豊かな教養があり、それゆえ文献学的な指摘も可能な知識階級だ。いずれにしても、彼の学識を共有する「開かれた」視野は言うまでもなく進歩的である。とはいうものの、「すばらしい文書を研究し、正確なラテン語の本を出版することは本当に難しい。厳密なギリシャ語の本を出版することは、さらに難しい。最も難しいのは、この困難な時代に何ひとつ間違えずに出版することだ」と結論づけている。ちなみに最後のくだりは、当時の複雑な政治情勢を指している。

ギリシャ語の書籍を体系的に出版したのはマヌーツィオが初めてであり、ギリシャ語に関して明確な出版計画を立てたのも彼が初めてだった――すべての古典文学を原語で出版するという計画を。彼は五年間で六十冊ものギリシャ語書籍を出版した。その数は、マヌーツィオ以前のイタリアじゅうの印刷機で刷られた冊数を上回る。東方正教会のためにギリシャ語の宗教書を出版すれば、簡単に稼ぐことができただろう。経済的に考えると、それ以上のビジネスはない。だが、マヌーツィオは頑なに祈禱書の出版を手がけようとはしなかった。

アリストテレス

ほどなくマヌーツィオは野心的かつ壮大な計画に身を投じることを決意する――アリストテレス全集の出版だ。哲学を深く理解するには、原書で読むことが必要だとアルドは考えた。その結果、すべての読者に対して、その手段を提供することを請け合う。一四九五年十一月に出版された一冊目は、二百三十四枚の二折判だった。この作品は初めて複数巻に分けて出版され、この試みが本棚の革命の先駆けとなった。当時は本を横にして積み重ねていたため、下のほうにある本は取り出すのにひどく苦労したが、やがて立てて並べられるようになる。ちょうど同じ時期にパドヴァ大学で、ラテン語の翻訳版ではなく、ギリシャ語の原書で講義が行なわれていたのも偶然ではあるまい。この本は一四九七年にレオニカス・トーマエウスによって採用され、パドヴァ大学とフェッラーラ大学の関係者に対して、マヌーツィオ自身が協力を感謝している。詩人のルドヴィーコ・アリオストもマヌーツィオに手紙を書き、フェッラーラ大学の学生が彼の作品に深い関心を抱いていることを伝えた。

千二十五部が刷られたアリストテレス全集第一巻の初版は、わずか数年で完売した。その後、一四九八年までに四巻が出版され、合計で三千八百ページに及ぶギリシャ語の書籍は、同時に複数台の印刷機を使う必要があったことも含め、あらゆる点から見て苦労の多い出版物だった。アルドは生涯を通じて、印刷術の発明以来、出版されてきた枚数よりも多いギリシャ語の書籍を手がける。全五巻のアリストテレス全集をアルベルト・ピオに献呈していることから、カルピの領主による金銭的な支援があったと考えるのが妥当だろう。アルドは「高名な君主であるあなたの手に、長きにわたりギリシャの著者の君主であるアリストテレスを」と書き、ヴェネツィアで羊皮紙に印刷して製本した貴重な初版をアルベルトに贈った。この本は、アルベルトの甥のロドルフォ・ピオ枢機卿からヴァチカンのスペイン大使、ディエゴ・ウルタード・デ・メンドーサに売られ、現在はマドリードのエル・エスコリアル修道院に保管されている。

内容をカットせず、しばしば誤訳から誤解につながる翻訳もせずに、完全なアリストテレスを原語で出版するというアイデアは、すでに一四八四年にエルモラオ・バルバロによって出されていた。アルドはそれを実現したが、『弁論術』と『詩学』は叶わなかった。この二作については写本が見つからなかったのだ。

二巻目で、アルドは状態のよい写本を入手するのがいかに大変かということを強調し、イギリスの医師で人文主義者のトーマス・リナカーと、すでに名前の出たブリシゲッラ出身のガブリエーレ・ブラッチョの協力を明記している。リナカーについては「ラテン語とギリシャ語にきわめて造詣が深いイギリス人」と表現し、アリストテレス全集の第二巻の序文で彼に感謝を捧げた。その後、羊皮紙に印刷された全五巻のアリストテレス全集の見本を彼に贈呈し、その至宝は現在、オックスフォード大学のニューカレッジに保管されている。全集の価格は十一ドゥカートと、ボローニャ出身のギリシャ研究者ウルチェオ・コルド――印刷ミスも非難して報酬の値上げを要求――から、ほかならぬエラスムスまで、権威ある注釈者たちがこぞって指摘するほど高額だった。バーゼルで出版されたアリストテレス全集（一五三一年）の序文で、エラスムスはアルド版は非常に高価だが、イタリア国外でもかろうじて入手できると認めている。

一四九八年六月、マヌーツィオはアリストテレスの作品の仕事を終了するが、七月半ばには、すでに知り合っていたマルコス・ムスロスの監修でアリストパネスの初版を出版する。ムスロスは、この作品がアッティカ方言の口語の入門書に最適だと断言している。この本はパルマ出身のダニエーレ・クラーリオに献呈された。一四九八～一五一〇年までドゥブロヴニク大学で教鞭を執り、ギリシャ（当時はオスマン帝国の領土）でアルド印刷所の代理人を務めていた人物だ。アルドとは互いに心から敬意を払っていたが、一五一〇年、アルドが彼に預けた何冊かの本を売り払われたと非難したのを機に、ふたりの関係は終わった。マヌーツィオの出版活動においては、ほかにも同様の事例がある。前述の金銭にまつわる係争もそのひとつだ。

いずれにせよ、アルドは献辞にこう書いている。「（中略）ギリシャ語を習得する者は、きわめて幸運に思える。（中略）ギリシャ語を理解できれば、すべての最も高尚な科目の先駆けとも言うべき哲学の専門家になることも容易このうえない」。それ以前に使用されていたラテン語の翻訳版に対する、いわばしっぺ返しにも取れる。

注目すべきは、アリストテレス全集の第二巻で弟子のテオプラストスの著作も公表していることだ。アルドがプラトンを一五一三年まで出版しなかったのも偶然ではない。思考の歴史を深く究めることなく、この選択を理解するには、史上最大のギリシャ哲学の考えに立ち戻る必要があるのだ。

ラファエロが一五〇九～一一年にかけて描いた有名な『アテナイの学堂』を見るとよくわかる。プラトンは『ティマイオス』を持ち、指を天に向けているのに対して、アリストテレスは『ニコマコス倫理学』を持って、手のひらで地を示している。中世においては、プラトンの著作で知られていたのは『ティマイオス』のみで、それ以外がラテン語に翻訳されるのは人文主義の時代になってからだ。彼は超越的にして形而上学（物理的状態を超えたもの）の哲学者だと考えられ、それゆえラファエロは彼に天を指し示させたのだ――この作品の大部分が、ローマとビザンティンに起源を持つ新プラトン主義の議論によって展開されている点は、ここでは考えないことにする。

それに対してアリストテレスは、中世ではダンテが書いているように「ものを知る者たちの師」であり、それが信仰との両立を可能にする所以である。当初は、ラテン語版の『形而上学』や『自然学』、論理学の作品の著者として知られるのみだった。しかも多くの場合、シリア語からアラビア語を経て、ラテン語に翻訳されたのは十二〜十三世紀になってからだ。こうした誤りだらけのラテン語版が、プラトンと調和させ、両者をいわばキリスト教思想の提唱者に仕立て上げるために、アリストテレスを超越性へと向かわせる。

前述のように、人文主義によってプラトンの倫理学、アリストテレスの『詩学』や『弁論術』が再発見された（繰り返すが、写本がなかったため、マヌーツィオはこの二作品をアリストテレス全集に含めず、出版は一五〇八年になる）。だが、当時のアルドが関心を示したのは、アリストテレスの自然科学の作品、すなわち自然史の学術書だった。そして、文学のためだけでなく、とりわけ哲学、科学、数学のために、ギリシャ語の原書に回帰する必要があると、アリストテレスやアリストパネスの序文で断言している。アリストパネスの『ギリシャ喜劇』の序文では、自然科学書は「誤字脱字だらけで、原形をとどめずに見る影もなく、そのうえラテン語で野蛮かつ愚かな状態となってしまった」。そして、こう続けている。「穀物を発見したら、我々はドングリを捨てて、それを主食とするだろう」。つまり、ひとたびすばらしい原書を発見したら、ひどい翻訳によって歪曲されたものを放棄するという意味だ。

アリストテレスは、古代人の科学の知識を受け入れることを認めた哲学者として紹介される。

アルドは、最初に書かれた言語の原書をよみがえらせるだけでなく、古代ギリシャの解釈を、同時代のアラブやキリスト教世界のものと対比させたのだ。模範であるギリシャの哲学書に関するアリストテレス研究の新たな方向付けは——フランスの人文主義者による懐疑論とセクストス・エンペイリコスの作品の再発見とともに——近代の科学的思考の誕生において基礎を築く。その当時、ヴェネツィアやパドヴァのさまざまな出版人が出した、ラテン語のアリストテレスのままでは起こりえないことだった。こうした基礎のおかげで、そのほぼ一世紀後にパドヴァにガリレオ・ガリレイを迎える環境をより深く理解できる。

それまではプラトンが主流だったにもかかわらず、マヌーツィオは順位を逆転させ、古代のふたりの哲学者を融和させるよりも、むしろ対比させ、アリストテレスの出版に続いて注釈集も出した。超越性のプラトンに、内在性のアリストテレス、すなわち地を示すアリストテレスが対抗する。そして後者とともに出版人のキャリアを始めたとすれば、その最後を飾ったのが前者だった。

ページ付けと活字

アルドのギリシャ語の本には、ラテン語の文が付記されている場合が多い。マヌーツィオの目的が教育であり、ラテン語との対比がギリシャ語のじゅうぶんな知識に欠ける者に役立つことを忘れてはいけないだろう。「ギリシャ語の学習者にとって、より実用的で役に立つ学術書になると考え、ラテン語の翻訳を付け加えることにした」とアルドは説明する。「初心者やギリシャ文字に疎い者のために」。

ページ付けも、まさにその目的のために配慮されたものだった。文は一行ずつ対比させ、ページの終わりで同時に終了しなければならない。「ラテン語のページはかならずギリシャ語のページと対照になっている」とアルドは断言する。「ギリシャ文字の初心者にとって、ギリシャ語のテキストとラテン語の翻訳がページごと、行ごとに対応していれば便利だからだ」。すべては学習者のためであり、訳文を探す時間を無駄にしないようにという心遣いである。こうして教育に欠かせない手段となったページ付けは、驚くほど近代的な特徴でもある。それまでのテキストには、ラテン語でもギリシャ語でも、両方を購入してまとめて製本するか、一冊ずつ製本するようになっているものもあった。

言うまでもなく印刷には活字が必要で、アルドは一四九四年のヴェネツィアで手に入る最高のものを使用していた。基本的にはボローニャの彫金師フランチェスコ・グリッフォとの共同作業である（詳細は第六章）。最新の研究によると、彼のギリシャ語活字は、ヴェネツィアとヴィチェンツァで働いていた律法学者イマヌエル・ルソタスのイタリック体を正確に再現している。一五〇二年末に出版された数冊では、マヌーツィオ本人の簡素で明瞭な筆跡がモデルとなったものの、こちらは後世においてまったく評価されていない。当時の印刷所は、印刷本と写本の区別がつかなくなることを願っていた。一五〇二年にアルドがヴェネツィア上院に提出した特許（ギリシャ語活字の独占使用権）出願書で、彼の「ギリシャ文字」は「葦ペンで書いたような様式」であり、人文主義者の直筆のごとく美しく読みやすい」と主張しているのも偶然ではない。だが、出版の歴史を重ねるにつれて、そうした必要はなくなっていく。

フランチェスコ・グリッフォは四種類のギリシャ語活字を制作するが、それはきわめて繊細で複雑な作業だった。記号（アクセントや引用符など）や合字も含め、ひと組につき約三百三十種類の活字を彫った。ちなみに、ギリシャ語の二十四のアルファベットは七十五もの異なる形で表記される。つまり文を読むのが難しいことは容易に想像がつくだろう。アルドもそのことに気づいたにちがいない。その証拠に、『質問集』では二ページにわたって最も複雑な合字、短縮、組み合わせの例を解説している。

一部の読者にとってはアルドの活字は読みづらく、実際、厳しく批判した者もいた。「彼の出版物は取るに足らず、活字は粗悪だった」と書いたのは、アメリカ人の司書で古代の書物の専門家、カート・F・ビューラーだった（一九八五年没）。ミラノ大学でギリシャを研究するラウラ・ペーペは、次のように述べている。「マヌーツィオのギリシャ語は、確かに最初は不明瞭かつ乱雑で読みにくいように見えるが、慣れればすぐに読めるようになる。特別な能力は必要なく、古代の碑文やパピルスを読むのと同じである」。

いずれにせよ、読みやすいかどうかは問題ではない。マヌーツィオは時代の申し子だった。一五三〇年代にヴェネツィアのフランス大使、ギヨーム・ペルシエが、ヴェネツィアで購入した二百冊のギリシャ語の本を王室文庫へ送った。だが、マヌーツィオの――我々から見れば――このうえなく読みやすい活字で印刷された、ラスカリスの美しい『ギリシャ詩華集』は、古い文体であるがために容易に解読できない「大昔の書物」として、他の本とは別に分類されている。十五〜十六世紀の読者にとって、イタリック体のギリシャ文字の読みやすさは現代の評価と正反対だったにちがいない。だが、その明瞭な文字は読む者の目に焼きついて離れない。アルドは自身の印刷様式を読者に合わせようとして、成功した。ラスカリスは、その逆を試みて失敗した。

アカデミア

ギリシャ文学の出版やギリシャ語の使用は、「ネアカデミア」すなわち「アルドのアカデミア」と切っても切り離せない。だが、ここでひとつの謎に直面する。この団体の構想はカルピ時代からアルドの頭にあったことは前述のとおりだが、仮に宴席で冗談半分に結成されたのではなく、実際に発足したとしても、具体的にどの程度の活動内容だったのかは定かではない。

一五〇二年に出版されたソポクレスの悲劇で、初めて「アルドの家で」ではなく「アルド・ロマーノのアカデミアで」という表現が用いられており、一五〇四年までに、出版場所として「アルドのアカデミア」あるいは「我らの旧ネアカデミア」と記されている本も何冊かある。しかし研究者のあいだでは、おもに宣伝のための理想的な価値観を表明しただけで、実在の組織ではないというのが共通の認識だ。本当に存在したのであれば、イタリアにおける同種のサークルでは、フィレンツェのコジモ・デ・メディチによるアカデミア・ネオプラトニカ、ローマの二団体とナポリの一団体に次ぐ五番目となる。ベッサリオン枢機卿のローマでの集まりのように、サークル内では会員はギリシャ語で話さなければならなかったという。

この存在が明らかになったのは、まったくの偶然だった。ヴァチカン図書館に保管されている本の修復中に、アルドのアカデミアの会則が発見されたのだ。一八〇三年、マルチャーナ図書館の司書ヤコポ・モレッリがそれを発表した。「我々三名——アルド・ロマーノ、ジョヴァンニ・ダ・クレタ（ヨアンネス・グリゴロプロス）、そして三人目の私、シピオーネ・カルテロマコ（シピオーネ・フォルテグエッリ）——により、ギリシャ語以外の言葉による会話は認めないとする会則を定めることを全員一致で決定した」という文言で会則は始まる。その文体は滑稽で、実際に適用されたのかどうかは明らかではない。

会員がギリシャ語以外の言葉で会話をした場合、罰金を支払わなければならない。「違反者はただちに決められた額を払い、翌日または翌々日まで延ばすことはできない。支払わなければ倍額とする」。合計額が「会食の費用を賄うのにじゅうぶんな金額に達したら、家の主人であるアルドに手渡され、その金で我々は豪勢な宴会を催す。印刷所で通常行なうようなものではなく、ヌオーヴァ・アカデミアを夢見る者にふさわしいように」。

宴会にはギリシャ語を話せる人のみが参加できる。会員については、さまざまな説があり、エラスムスの名まで挙がっているが、そもそも実在の確証はなく、名前が明記されている人物以外に誰が参加していたのかも不明だ。アルドは一五〇二年に自宅での集まりの親密な様子について伝えている。「この寒い冬の季節に、私たちはネオアカデミアの会員とともに暖炉のそばで車座になっていた」。だが、この友人どうしの和やかな時間も、かならずしもアカデミアの活動と関連していたとは限らない。

創設者には、かつてザッカリア・カリエルジと一緒に働き、アルドのもとで校正者を務めている筆記者のヨアンネス・グリゴロプロスも含まれている。彼にはきわめて特殊な事情があった。兄弟のマヌエルが殺人罪でカンディアから追放され、当時ヴェネツィアの領地だったカルパトス島に逃亡したのだ。追放を撤回させるには、身内の放免を保証するのにじゅうぶんな金を工面しなければならなかった。そこで一四九四年、必要な金額を集めるために、ヨアンネスはヴェネツィアに移ることを決意する。「手ぶらで戻るよりは、死ぬか流刑地で一生を送るほうがましだ」と断言し、それから十年間、こつこつ貯金をするために、ひたすら文章を書き写しつづけた。

ネアカデミアの入会に必要な条件のひとつは、ギリシャ語の正確な発音である。マヌーツィオの話すギリシャ語については、詳しいことはわからないが、アッティカ方言の影響を受けていた可能性はある。したがって、その数年後にメンバーのひとりとされるエラスムスが当時のコンスタンティノープルに広まっていた抑揚をやめるよう促し、現在も使われている古代ギリシャ語の発音方法の集大成を作ることで新たな発音を奨励した際に、反発したとしても不思議ではない。

興味深いのは、本の普及に対して言語が妨げとなった事例が少なくとも一件あることだ。ピンダロスを文庫本で出版するに当たり、アルドは注釈を省いたが、当時の読者が慣れていたアッティカ方言ともイオニア方言とも異なる方言で書かれていたため、理解するのが困難だった。一五一五年、ザッカリア・カリエルジが教皇レオ十世の支援を受けてローマで出版活動を再開した際に、同じピンダロスを欄外注釈付きで出版し、結果として『抒情詩』は楽しむことのできる作品となった。マヌーツィオは知識階級のギリシャ語の知識を疑いもしなかったが、実際には、注釈なしでは古典文学を読めない場合も多かった。

その一五〇二年以降、アカデミア創設の最終的な目的が、現存するアルドの手紙に折に触れて記されている。その年に元首に選出されたレオナルド・ロレダンの手紙にも引用された。マヌーツィオが、神聖ローマ帝国皇帝マクシミリアン一世に出資してもらい、自身の印刷所をドイツ語圏に移すことを念頭に置いていたのは間違いない。その計画は具体的になり、インスブルック、ウィーン、ウィーナーノイシュタット、アウグスブルクなどが候補に挙がっていた。マクシミリアン一世には幅広い文化の著作があり、全百三十冊をドイツの優秀な出版人に託そうと考えていた（歴史、系図、自叙伝、技術書など）。ローマ帝国の歴史に強く影響を受けたマクシミリアン一世は、騎士道文化に傾倒し、それゆえ人文主義を奨励して、人文主義者と積極的に交流した。したがって、マヌーツィオはある時期、本気でドイツへの移住を実行に移そうとしたが、直前になって頓挫し、その後、計画は立ち消えた。すでに一五〇三年には、前述のクスピニアヌス（クスピニアン）や皇帝の秘書官ヨハン・コラウアー（ジョヴァンニ・コッラウリオ）を介して、マクシミリアン一世に支援を求めはじめた。後者はディリンゲンからマヌーツィオの期待には応えられないという旨の返事を送ったが、話はそこで終わらなかった。一年後、本を献呈する際の手紙で、マヌーツィオは彼に感謝している。「アカデミア創設を目指し、私のために皇帝マクシミリアンに大いに働きかけてくれた」。

時は過ぎ、一五〇五年九月八日、マヌーツィオはふたたびペンを取り（手紙はミラノのアンブロジアーナ図書館に保管）、マクシミリアンの「庇護と厚意のもとに」アカデミア創設を訴えたと書かれた手紙が送られてきて、すでに三カ月が過ぎたと催促する。さらに数カ月後、トリエステ司教ピエトロ・ボノモの秘書、ヤコブ・シュピーゲルが、一五〇六年二月二十七日付けのアルドに宛てた長い手紙で、マクシミリアン皇帝の宮廷へ赴くことになり、忘れずにあなたのことを話すと書いている。しかしながら、何も起こらなかった。

前述のマッテオ・バンデッロは、物語集第一巻、第十五篇のアルドへの献辞で、彼がようやくアカデミアを創設したことを祝っている。「他の集団の模範となるものを手にできるのは神の賜物にほかならない。こんにちアカデミアは、イタリアにおいてギリシャ語およびラテン語の優れた作品を守るための中心的存在であり、そこでそれらがみごとに花開くことを願ってやまない。若き研究者のために初めて二カ国語の本を印刷した功績から、あなたの名は永久に歴史に刻まれるだろう」。そして、さらに続けている。「期待されているように、アカデミアが存続すれば、ラテン語もギリシャ語も俗語も純粋なものとなり、自由学芸はかつての威厳を取り戻すだろう」。

神聖ローマ皇帝との交渉に失敗すると、マヌーツィオは一五〇七年に教皇庁に掛け合う。同年四月十四日、カルテロマコがローマから「アカデミアの活動について、多くの枢機卿と話をした」と報告している。だが、このときも進展はなかった。むしろ、カンブレー同盟とヴェネツィア共和国の戦争によって成功の可能性は遠のく。そして、アルドの目はまたしてもアルプス山脈の向こう側へと向けられる。その証拠に、ラテン語文法書の第三版（一五〇八年）では、「ローマへ行き、教皇に仕える」という一文が「ドイツへ行き、マクシミリアン皇帝に仕える」に置き換わっている。同じ年、エラスムスがやってきて、〝アカデミア〟という言葉は家族の冗談となった。マヌーツィオはその言葉を吐き捨てるように口にし、日の目を見ないうちに忘れ去ろうとした。

　アルドがフェッラーラに避難して、ヴェネツィア共和国を離れているあいだも、アカデミアの計画は続いていた。一五一〇年六月三日、ボローニャの人文主義者で出版人のジョヴァンニ・フルティチェーノが「アルドはここにいて、我々はアカデミアについて少し話した」と書いている。だが、またしても話は進展せず、マヌーツィオは最後に一縷《いちる》の望みにかける——ルクレツィア・ボルジアだ。

　しかし、時機が悪かった。フェッラーラはフランスの脅威にさらされ、平和的な学問の拠点として考えることは難しかった。エステ家の都市で作成された二通目の遺言書で、マヌーツィオは「念願のアカデミアを実現できるように」神に祈ると書いている。わずか数カ月後の一五一三年九月、メディチ家出身の教皇誕生に世間が沸き立つなか、マヌーツィオはレオ十世にプラトンを献呈する。詳細については後述するが、ここではもうひとつの理由から注目したい——アルドがアカデミアについて触れたのは、これが最後だった。ある時点で、彼と「すばらしい文学に情熱を抱く」数名の友人は、「長年構想してきたアカデミアにとって、格別の利益をもたらすことを期待して」新たな教皇に作品を捧げることにした。彼の訴えに対する沈黙が、〝ローマーノ〟の署名を用いることをやめようとアルドに決意させた要因だと考えることもできる。真実は知る由もないが、時期的には一致する。そしてマヌーツィオは、生きているあいだに夢が実現するのを見届けることはなかった。

アカデミアがどれほど具体的なものだったのかはわからないにしても、マヌーツィオがギリシャやヘレニズムの人文主義者の活発なグループを引き寄せる磁石の役割を果たしたことは間違いない。そのなかには外国に移住したギリシャ人（マルコス・ムスロス、ジュスティーノ・デカーディオ、デメトリオス・ドゥカス）、イタリア人（アンドレア・ナヴァジェーロ、ジョルジョ・ヴァッラ）、外国人（フラマン人のエラスムス、ドイツ人のヨハネス・ロイヒリン、イギリス人のトーマス・リナカー）が含まれていた。そして、自身の能力を出版社に提供すると同時に、アルドの印刷機から生まれる出版物によって名声や名誉を得る著者および協力者の一種の共同体が形成される。エラスムスは、古代の文書を修復するという人文主義の夢によって結ばれた知識人を各地から呼び寄せるマヌーツィオの能力に驚くばかりだった。

ギリシャ語への回帰

返本の山と共同経営者の干渉によって、すでに述べたように、アルドは古代ギリシャ語よりも普及している言語、すなわちラテン語と俗語の作品の出版を余儀なくされる。だが、これは妥協であり、当初の計画をあきらめたわけではなかった。文庫本の初出版から一年後、人文主義の夢がよみがえる。一五〇二年、歴史家のトゥキディデスとヘロドトスの作品、そしてソポクレスのギリシャ悲劇が出版され、翌一五〇三年にはエウリピデスとアンモニオスが続く。これはとりわけ意義のあることだ。というのも、ソポクレスとエウリピデス、さらにホメロスの詩を、アルドは他のラテン語や俗語の詩人と同じ小型版で印刷したのだ。

きわめて興味深いのは、一五〇二年のボッカッチョ『フィローストラト』のケースである。アルドはこの作品をまったく評価していなかった。こんにちでは、気に入らない本を前にした編集者は迷わず却下するだろう。ところがアルドは出版した。そして、それと同時に、ドミニコ会修道士で著名な人文主義者、ザノビ・アッチャイオーリへの献辞で酷評したのだ。「これほどひどく、注目に値しないものを読んだことは記憶にない」と書き、「無味乾燥なつまらないものの寄せ集め」と断定したうえに、過去の翻訳版に対しても「しばしば粗削りなだけでなく不正確であるため」怒りを隠さなかった。それでも毒とともに、エウセビオスの論証という形で解毒剤も提供する。現代の出版業界では考えられない方法である。

一五〇八年、アルドはデメトリオス・ドゥカスとの共同作業に取り組み、その結果、のちにスペインにおいて超大作、ヒメネス枢機卿の編纂による『多言語対訳聖書』が誕生する。ドゥカスはギリシャ語のオラトリオやプルタルコスの作品を監修したが、翌年、アニャデッロの戦いの前夜にマヌーツィオとの連携は途絶えた。

カンブレー同盟戦争によって、今度は三年間ものあいだ活動休止に追いこまれ、ようやく再開にこぎつけたのは一五一二年も終わるころ、ラスカリスの文法書の第三版と、チェーザレ・ダラゴーナに献呈したマヌエル・クリュソロラス『ギリシャ語文法』を出してからだった。アルドはまたしても政治情勢に翻弄される。新たな同盟が結成され、ヴェネツィア共和国はスペインと組んでフランスと敵対した。

アルドの印刷機で刷られるのはラテン語の古典文学が多かったものの、ピンダロスの『抒情詩』など、ギリシャ語の作品も含まれていた。なかでも注目すべきは、先ほども触れたプラトンの初版である。一五一三年九月に出版されたこの本は、レオ十世、ジョヴァンニ・デ・メディチに献呈されている。「我々が待ち望み、この苦難に満ちた時代に大いに必要とする君主、司牧者、父に出会った」。アルドは新たな繁栄の時代の始まりを願い、教皇が「キリスト教的世界観の秩序」を取り戻し、「世界じゅうの人々の風習」を改められるようになることを望んだ。アルド自身は、プラトンの作品を秩序立てる。「何世紀にもわたって、さまざまな場所に散らばっていたものが、いま、整然とひとつになり、我々の編集によって完全な形で手に取れるようになった」。

マヌーツィオは、ロレンツォ・デ・メディチの息子である人文主義者の教皇の役割を強調する。「偉大なる栄光があなたに降り注ぐ、幸せに満ち満ちた父よ。なぜなら、あなたはすばらしい文学に対して新たな衝動を与え、学者のために優れた本を手に入れ、（中略）美しい芸術や自由な規律を広めるからだ」。アルドが誤りについて悔やんでいるのもこのときだ。「できることなら、どんなに高い金額を支払ってでも誤りをひとつ残らず消し去りたい」。そして、みずからをギリシャ神話に登場するシシューポスと比較する。「私はまさしく新たなシシューポスになった気分だ。あの岩をいくら転がしつづけても、いまだ山の頂上まで運ぶことができない。一方で周囲

——学識のある人々——には、私は新たなヘラクレスに見えているようだ。けっして不運にも屈せず、疲労にも負けず、世界じゅうの人々の何世紀にもわたる尽力よりも、私ひとりで文学のために役立ってきた。この多大なる苦労に対して、皆、私が称賛の嵐に揉まれることを望んでいる。いまや直接、私に向けられる称賛、丁寧な手紙に綴られた称賛の嵐に」。そして最後に、キリスト教思想の普及に関する作品は、「優れた文学を再興」し、「現代のものであれ、未来のものであれ、研究者のためにすばらしい本を入手する」という「栄誉」を保証する教皇の力と足並みをそろえるべきだと断言している。

アルドはギリシャ語の言語学の本（文法書）で出版人としてのキャリアを開始し、一五一四年、また別のギリシャ語の言語学の本を最後に退いた。晩年の出版物に、一冊の辞書がある——アレクサンドリアのヘシュキオスの『語彙目録』だ。現存するギリシャ語の辞書としては、最も広範囲かつ完全なもので、五世紀ごろに編纂され、著者の引用や単語の各方言までカバーされている。これは、言語に対するアルドの途切れることのない関心を物語っている。マヌーツィオは古代ギリシャ語を広めたいと考えていたが、さまざまな方言にも興味を持ち、ここでは初期のイタリア語と興味深い比較を行なっている。それ以前にも、多種多様な方言によって形成されたギリシャ文学の言葉と、同じく地方によって多様性に富むイタリア文学の言葉を対比させていた。同時代にはピエトロ・ベンボもいるが、すでに述べたように、マヌーツィオの言語学の研究がどれほどベンボに影響を与えたかということについては、まだほとんど明らかになっていない。

ヘシュキオスの『語彙目録』の組版は、マントヴァの学者ジャコモ・バルデッローネが所有する十五世紀の写本を参考に行なわれた。そのためバルデッローネに対して、アルドは「我々およびこの本を使用する研究者の名において」感謝の手紙を送っている。

あなたしか持っていないとのことで（おそらくそのとおりです。私の知るかぎり、ほかに存在するという話を聞いた者は誰もいません）、我々の印刷所での出版に間に合うよう送ってくださいました。それが学者や学者の卵にとって共通の財産となること以外には何の見返りも求めずに——あなたの寛大な心、すべての文学者への愛情によって。あなたは、嫉妬に苦しみ、世界じゅうで自分だけが博識だと主張して優れた本を独占する者とは異なり、皆があなたに限りなく近くなることを願って、（中略）すばらしい本がそろった蔵書をすべて惜しげもなく貸してくださいます。

この作品の他の写本は発見されず、アルドの用いた唯一のものは現在、マルチャーナ図書館に保管されている。四百四十枚の紙からは、精緻を極めた作業がはっきりとうかがえる。マヌーツィオによると、「急いで作業したにもかかわらず、数えきれないほどの写本の誤りを修正した結果、〝父を超えた〟（『オデュッセウス』より引用）内容に仕上げた、我が仲間のムスロス」によって「厳密に」監修された。実際、ムスロスによる修正はすべて記されており、印刷やペンによるインクの染みやはねもあちこちに残り、指紋もいくつかついている。
写本が返却された際に、アルドの印刷所に送ったときには明らかになかった修正、染み、記号でいっぱいの状態を見ても、バルデッローネが文句を言わなかったことを不思議に思うかもしれない。当時は、印刷本を作るために写本を用いることは、写本そのものを充実させると考えられていたという説もある。こんにちでは、書き込みや取り消し線だらけの本が持ち主に返されれば、取り返しのつかないほど破損したと見なされるだろう。

マヌーツィオは晩年、自身初のギリシャ語の文法書を執筆し、前述のとおり、死後にマルコス・ムスロスの監修によって発行される。

さまざまな考察が巡らされるなかで、アルドの人文主義の夢に功績があったことは間違いない――失われていたかもしれないギリシャ語の作品を保護した点である。一作品につき、数千とは言わないまでも、数百部の本を印刷機から生み出したのは、その作品を永久に救出したということにほかならない。「実際、私の願いは叶えられた。いまでは誰もが進んでギリシャ語の写本を提供し、売るために書店に送る。私のところにも山ほど送られてきた。気に入らないなどと言ったら罰が当たる」とアルドは述べている。出版の力によって知識が共有されるという考えは、その後、フィレンツェの人文主義者でギリシャ研究者、ピエル・ヴェットーリがトスカーナ大公コジモ一世に宛てた手紙にも登場する。「この図書館は、壁によって閉ざされなければ、さらに歓迎され、このうえなく充実したものとなり、またたく間に国じゅうに広まって教養が深まり、そうすればあらゆる危険から永遠に解放されるでしょう」。

ヘシュキオスの『語彙目録』以外にも、写本が一冊しか存在しなかったケースはある。その場合、写本が紛失すれば作品そのものも消えてしまう。したがって、ギリシャの古典作品の一部が現存しているとしたら、それはアルドの夢想家的なアイデアと、市場の逆境に挑みながらギリシャ語の出版に対して抱きつづけた頑なさのおかげでもある。

いずれにしても、ギリシャ語の出版におけるアルドの独占状態は終焉を迎えた。一五一四年、ベルナルド・ジュンティがフィレンツェでギリシャ語書籍の出版を開始し、かつてマヌーツィオの協力者だったデメトリオス・ドゥカスとジローラモ・アレアンドロは、それぞれフランスとスペインでギリシャ語の印刷所を立ち上げる。だが、発行される本の大部分は、過去に出版された作品の再版だった。

現存する古典作品がアルドの文化的な洞察力と起業家としての能力の結果だとすれば、世界で最も美しい本を出版したという疑いのない功績も認められるべきだろう。それについては、次の章で詳しく見ていく。

第5章

『ポリフィルス狂恋夢』、究極の美しさ

出版の歴史において、文学者よりも芸術家のおかげで成功した本は多くないはずだ。一四九九年十二月に出版された『ポリフィルス狂恋夢（L'Hypnerotomachia Poliphili）』は、そうした本の一冊である。理由は言うまでもない。正真正銘の芸術作品であり、著者に比べて版画家の長所が前面に出ている。『ポリフィロの夢』（別称）はみごとすぎる挿絵に対して報酬を支払ったので、読むための本ではなく観賞用だったという説もある。挿絵ではなく、あくまで本文に目を通した者も、主人公や登場人物たちの姿は、しばしば著者の描写よりもイラストを参考にした。

かつて大英博物館で（マルセル・プルーストの伝記作者に加えて）インキュナブラの責任者を務めていたジョージ・ペインターは、この本を出版の歴史におけるひとつのマイルストーンだと考えていた。「一四五五年のグーテンベルクの四十二行聖書と一四九九年の『ポリフィルス狂恋夢』は、インキュナブラの時代において対極に位置する作品だと見なされている。特徴は正反対でありながら、どちらも同じくらい傑出している。簡素で禁欲的なグーテンベルクの聖書はドイ

ツ語、ゴシック体、キリスト教、中世。豪華できらびやかな『狂恋夢』はイタリア語、ローマン体、異教、ルネサンス期。出版における芸術作品の二大最高傑作は、人間の探究欲の言わば月と太陽の関係にある」。

アルドの最も有名な本であり、こんにち、あらゆる時代とは言わないまでも、少なくともルネサンス期では間違いなく最も美しいと考えられている作品が、当の本人にこれほど愛されていないのは、いささか皮肉な話である。これは委託出版だったため、マヌーツィオは「自分の」出版物だと思っていなかった。それに対して五年後には、デモステネスの作品について、彼の「このうえなく美しい活字」と「きわめて上品な装丁」で、「ラテン語もギリシャ語も含め、これまで出版したなかで最も美しい本」だと手放しで称賛している。現在の評価とは、かなり異なるようだ。

『ポリフィルス狂恋夢』の出版を委託したのは、ヴェローナの貴族、レオナルド・クラッソ（もしくはグラッソ、グラッシ）である。大学で法学を勉強し、その後、教皇庁書記長となった人物で、『ポリフィルス狂恋夢』の初版をウルビーノ公グイドバルド・ダ・モンテフェルトロに献呈している。これは彼に取り入るためであり、またこの本にふさわしい読者を明らかにするためでもあった。このエリートの知識人は本を贅沢品だと考えていたのだ。

グイドバルドは父親のフェデリーコから君主の地位だけでなく、ルネサンス時代で最多の蔵書を誇る図書室も受け継いだ。公爵は博識な人文主義者で、ギリシャ語を流暢に話し、まさしくウルビーノ公の宮廷を舞台にした『宮廷人』の著者、バルダッサーレ・カスティリオーネによると、

「母国語にも劣らないほど」だったという。この本の対話の主人公は公妃のエリザベッタ・ゴンザーガだが、彼女もこのうえなく博識で、占星術の古文書に夢中になるあまり、サソリの形をした髪飾りをつけてラファエロに肖像画を描かせた。

クラッソは、出版の成功には公爵の宮廷に出入りする読者が鍵となると考える。「そうすれば、あなたがすでに読んだと知って大勢が読むことでしょう」と献辞で述べている。さらに、アルド印刷所で発行された印刷本は写本と比べてもまったく遜色ないため、ウルビーノ公の図書室に並べても恥ずかしくない、そして——アルドと同調して——毎日話されている言葉、つまり俗語でも、いままで古典言語の特権だと考えられていた高度な概念も表現できると断言している。

クラッソから受け取った原稿を見たアルドは、自身の作品の出版を望む素人文学者によるものだという疑いを抱いたかもしれない。クラッソは、関連がありながらも異なるふたつのバージョンを提供した。より短く単純な二冊目は、その内容の一部が現実と重なっている。ヒロインのポーリアが自身の街トレヴィーゾ、家族のレッリ家、さらにヒーローのポリフィーロとの愛の軌跡について語る。ポーリアはペストにかかり、貞節を誓い、病気から快復したのちにポリフィーロの求婚を拒み、彼は死んだように凍りつく。

実際に印刷されたのは、まったく現実を無視した、複雑なバージョンのほうだった。ポリフィーロは苦悩から喜びまでのカタルシスの道のりを歩み、その途中、空想上の考古学の世界に迷いこむ。ピラミッド、オベリスク、崩れ落ちた神殿、祭壇の残骸……そこにニンフの姿をしたポーリアが現われ、恋人を燦然と輝くヴィーナスの泉へと導く。この作品は、博識な婉曲表現と過剰なエキゾチズムに満ちた「言葉と文学の倒錯」と呼ばれた。

アルドがなぜ、まったく気に入らない本を出版したのか、その真意ははかりかねる。だが、理由はひとつだけではあるまい。レオナルドの兄弟、ベルナルディーノ・クラッソは、医師のアレッサンドロ・ベネデッティと付き合いがあった。その二年前に、アルドが彼のためにフランスの田園地帯の回想録を出版したのは前述のとおりだ。

『ポリフィルス狂恋夢』は、アルドが無礼を働くつもりのない文学者の友人たちに勧められ、そのうえ断わることのできない多額の資金が用意されていた。おそらくマヌーツィオは著者と面識があったにちがいない。挿絵は本文とぴったり一致しており、執筆者と挿絵画家と編集者による緊密な共同作業があったと推測できるほどだからだ。

『ポリフィルス狂恋夢』は、明らかにダンテの影響を受けた夢の中の物語である。旅の始まりは、とある森だが——暗くはないが、とにかく広い——そこは恐ろしく、行く手を阻むものが次々と現われる。動物、館、木立、草原、泉、ニンフ……さまざまな障害物を乗り越え、ようやくポリフィーロは恋人のポーリア——いわばベアトリーチェの分身——に会う。いずれにしても語法は曖昧で、イタリア語、ラテン語、ギリシャ語が入り混じっているうえに、ヘブライ語、カルデア語、アラビア語があちこちに登場し、極めつきは人文主義者の散文を極端にしたような著者の発明した言葉も用いられている。難解かつ独創的で、よほどの博識者でないかぎり、その教訓の本質を見抜くことはできない。

この作品の序文を紹介しよう。「ポリフィーロは彼の狂恋夢を語りはじめ、夢の中の彼はいま、ひっそりと静まり返った広がりにいる」。「Hypnerotomachia」とは、ギリシャ語の「夢」、「愛」、「戦い」の三つの語が合わさった言葉で、主人公のポリフィーロは美しいポーリアを夢見て、彼女のもとにたどり着くために、一連の困難な障害を乗り越えなければならない。ポーリアは森に隠れ、いくつもの古代の墓碑を読んでいる。ポリフィーロが愛の夢から覚めたのはトレヴィーゾで、一四六七年五月一日金曜日、当時の習慣では恋人に捧げる日だった。

言うまでもなく、こういった類の散文は誰でも手に取れる本にはならなかった。つまり、あえて難解にしたのだ。すでに述べたように、本文は博識者のみが深く理解できるように考えられているが、挿絵や記号のおかげで、少なくとも部分的に理解が容易になっている。すなわち単なる挿絵に留まらず、内容を補完しているのだ。ある意味では、図像学の仕掛けを施した、読者に対する挑戦を意図していたと言えるかもしれない。

最も美しい版画

木版印刷と組版は、この本を芸術作品にしている二大要素だ。段組みにされた本文は、単独または対の逆ピラミッド形、杯、そのほか奇抜な形に配置され、それまでに見たこともないような独創的な美しい視覚効果を生み出している。このページの組版は、数学や地理における黄金比を印刷に応用したと見ることもできる。くしくも、数学者で修道士のルカ・パチョーリによって同時代に定義された比率だ。

百七十二枚の版画はきわめて美しく、ジョヴァンニ・ベッリーニやアンドレア・マンテーニャといった偉大な画家の作品ではないかとも言われていた。しかし現在では、パドヴァの地理学者で版画家のベネデット・ボルドンの作品だということでほぼ意見が一致している。ボルドンは仕立屋と理髪師の貧しい家に生まれ、母親の死後、一四九二年にヴェネツィアに移り住み、サン・マルコ広場からリアルト橋へ向かう途中のサン・ズリアンの中心にある小間物店で、客足の途絶えない工房を営んでいた。その二年後、ロレンツォ・ヴァッラ監修によるヘロドトスの『歴史』の挿絵として木版画を作成することとなる。

驚くほど学識の高いボルドンはラテン語を苦もなく話し、ヴェネツィアの人文主義サークルに参加していた。細密画家の姉妹である妻とのあいだに五人の子どもをもうけている。時代には変化の波が押し寄せ、それまで写本に華を添えていた細密画家は、木版画の原画の制作者となる。新たな印刷された挿絵が、ゆっくりと、しかし有無を言わさずに古い細密画に取って代わってい た。裕福で気取った顧客は本に細密画を描かせることもあったが、それももはや風前の灯火だった。ヴェネツィアに来たベネデットは、同世代のなかで最も重宝される挿絵画家となった。絵を描いたのは彼だが、その絵を木の板に彫ったのは彫刻家のヤーコプ・フォン・シュトラスブルク（イタリア名ヤーコポ・ダ・ストラスブルゴ）だった。

彫刻の出来栄えもさることながら、ベネデット・ボルドンが地理書の出版の歴史に貢献したことも見逃せない。一五〇八年九月、彼は「ボールのように丸い形の地図」の特許を申請する。これはイタリアで初めて印刷された実証的な球面投影であるだけでなく、緯度および経度をすべて示した初の地図だった。一五二八年には初の島嶼《とうしょ》論、つまり島だけの地図帳も出版される。この本には、もうひとつ注目すべき点がある。北米の半島に対して、初めて「労働の土地《ラボラトーレ》」という呼び名が用いられ、ラブラドル半島の由来となった。

それはともかく、『ポリフィルス狂恋夢』の挿絵はすべて同じ手によって彫られたわけではない。というのも、著しい様式の違いが見られるからだ。正真正銘の芸術作品もあれば、みごとな職人技とも言うべきものもある。その多くは明らかに官能的な絵で、乳首のあらわになったチュニカ（ローマの男女が来たガウン風の衣服）をまとった女性がそこかしこに描かれている。

そうした木版画のひとつに、出版史上初めて性器があらわになったものがある。「このうえない慎ましさと卓越した適切さを備えた」プリアポスの陰茎である。本文はよく理解できないものの、陰茎が勃起した状態で祭壇に立つプリアポス、足元に群がる狂喜した信奉者たち、神殿の前に飛び散った生贄の仔牛の血を見れば、それほど想像力は必要あるまい。教会の意向に従順なカトリック教徒の大部分が、おそらくこの作品を単なる異教徒の卑猥な乱痴気騒ぎだと評価したにちがいない。

その二年前、ヴェネツィアの総大司教トマーゾ・ドナは、破門も辞さないとして、〈ジュンタ〉から出版されたオウィディウスの『変身物語』の検閲を命じた。曰く、「裸の女性、男根の神の生殖器、そのほか淫らなもの」は黒塗りにしなければならなかった。同じようなことが『ポリフィルス狂恋夢』にも起きている。ヴァチカン図書館に保管されているものは、陰茎の部分が削除するかのように入念にインクで塗りつぶされている。実際、インクの塗り方の特徴から判断して、一定の部数の黒塗りの版を印刷したのはマヌーツィオ本人だったと思われる。おそらく検閲を回避するために先手を打ったのだろう。

別の挿絵では、好色家が勃起した陰茎をニンフに挿入しようとしている場面が描かれている。また、象が蟻に姿を変え、蟻が象に姿を変えるといった滑稽な版画もあれば、三位一体を当時の三大勢力に結びつけた、三面に絵と文字の彫られたオベリスクなど、壮大な絵もあった。かと思えば、判じ絵のようなものもある。たとえば、片足をしっかり地面に置き、反対の足を宙に上げた、半分座って、半分立っている少女。地面に足を置いた側は二枚の翼を手に持ち、宙に足を上げた側は亀を抱えている。亀の側の少女が立っているのは、のろい亀と釣り合いを取るためで、翼の側が座っているのは、その速さと釣り合いを取るためである。これは読者にも同じようにすることを呼びかけている。

この難解で謎に包まれた絵は、相反するものの統合を表現しようとしている。そして、そのために奇抜な対照を用いて、絵を見ている人に対して、その光景を心に刻ませることを目的としているのだ。全体を通して神殿、ドーム、遺跡、オベリスク、墓碑、壺、旗が繰り返し登場する。「見たことのない、途方もない構造の（中略）円形劇場」の絵は、ローマのコロッセオだとされている。

たとえ木版画の制作者を特定するのが困難だとしても、芸術の歴史において、当時の芸術家に対してどれだけ影響を与えたかということを理解するのは簡単だ。ブラマンテからカラッチ、ジョルジョーネからティツィアーノまで、その影響は計り知れない。

この卑猥な作品によって、出版人自身に直接的な影響があったかどうかはわからない。あるいは彼の培った貴族の人脈が物を言ったのかもしれない。さらには難解な本文や高価格が俗語の小説に慣れた読者を遠ざけ、おそらく売り上げは伸びなかったにちがいない。『ポリフィルス狂恋夢』と同時期に制作され、九カ月後に出版された聖カテリーナの『書簡集』は、卑猥な作品によって揺るがされた教会の権威を立て直すために、ある意味ではアルドが〝埋め合わせ〟として位置付けていた可能性も否めない。

「ゆっくり急げ」

この本を特徴づけ、さまざまな面で重要な存在とする要素は山ほどある。そのひとつは、「festina tarde」（〝ゆっくり急げ〟の意味。のちにエラスムスによって〝festina lente〟となる）という古くからの格言と、イルカが錨に巻きついたロゴマークが初めて印刷されたことだ。このロゴマークは、一五〇二年に出版された『Poetae christiani veteres』以降、アルド印刷所の商標となる。この本の表紙を見ると、その美しさにいまなお目を奪われる。ちなみに、『ポリフィルス狂恋夢』の木版画から着想を得た商標はアルドのものだけではない。

最近まで、このラテン語の格言は、ピエトロ・ベンボからマヌーツィオに贈られたローマ皇帝ウェスパシアヌスのデナーロ銀貨に彫られていると考えられていた。ベンボは、大胆不敵で自分に自信を持つ者よりも、間違いを犯さず慎重に行動する者のほうがよいと伝えようとしたのだ。二〇一五年にマヌーツィオの死後五百年を記念して行なわれた調査で、ローマ時代の硬貨にこの格言が彫られたものはなかったことが検証された。だが、ポリツィアーノの作品のマリン・サヌードへの献辞文に、この格言のギリシャ語版、「σπεῦδε βραδέως」が登場する。アルドがスエトニウスかアウルス・ゲッリウスを読んでいるときにラテン語の「ゆっくり急げ」に出くわした可能性はあるが、実際に最初にどこで学び、その後、引用するようになったのかは明らかではない。いずれにせよ、『ポリフィルス狂恋夢』の木版画だけでも八十箇所以上に用いられていることを考えると、とても気に入っていたのは間違いない。

一方で、硬貨には錨とイルカが彫られていた。『ポリフィルス狂恋夢』では、のちのアルド印刷所の商標のように錨が縦ではなく横向きになっている。それはラテン語の格言の意味を図像で表わしたものだ。船の道具は慎重さを、海の生物は速さを象徴している。だが、注意しなければならないのは、前述のように、この本で用いられたのは「festina tarde」で、エラスムスが〝tarde〟を〝lente〟に置き換えたのは九年後だということだ。この図像と格言に触れられている部分は次のとおりである。「錨と、その柄に巻きついたイルカ。この意味するところはひとつ。（中略）つねにゆっくり急げ」。イルカの姿かたちも時とともに変化する。鋭利な歯をむき出しにしているかと思えば、ヒレを動かしているものもある。

これらはすべてマヌーツィオの出版活動における姿勢を反映している――苦境においても、できるかぎり入念かつ俊敏でなければならない。そして、対応が遅く、読者に約束した本を延期したことを非難されると、アルドは「つねに（中略）イルカと錨という仲間がいる。実際、時機を待ちつつも、これまで我々は多くの本を出版してきたし、これからも定期的に出版しつづける」と反論した。いずれにしても、「ときには当初の活力を維持できないが、それには妥当な理由があるか、あるいは、すばらしい文学の発展や、昔の作家を退廃や闇から救い出すことに対して、さらに効果的に貢献する目的で、より重要な企画を立てているためである」。

アルドの商標が不屈のものとなったのは、一五〇八年にエラスムスが次のように書いたことがきっかけだった。「錨は船を繋いで停泊させる際の緩慢さを表わす。それに対してイルカは、それ以上速く俊敏に泳ぐ動物は存在しないので、速さを象徴する。よく考えれば、これは〝つねにゆっくり急げ〟ということにほかならない」。さらに、彼はこう付け足している。この格言は「いわばアルド・マヌーツィオ・ロマーノの三番目の後継者であり、言うまでもなく神の承認や意図がなかったとは思わない」。

フランチェスコ・コロンナの正体

この本にまつわる謎は尽きないが、そもそも著者が判明していない。署名はなく、出版人の名前は正誤表のページにのみ記されている。「アルディ・マヌティーの住居にて、このうえなく入念に」。添えられた最上級の副詞は、やや距離を置いた、どこか通告のようにも思える――すべてがうまくいくように最善を尽くした。たとえ手違いが生じたとしても、私のあずかり知るところではない。

署名――作者のものかどうかは不明だが――は、一種の判じ物となっている。全部で三十八ある章の最初の文字をつなげていくと文章となり、そこに〝フランチェスコ・コロンナ〟の名前が含まれているのだ。それで謎が解けたかというと、そう簡単な話ではない。今度は、そのフランチェスコ・コロンナが何者かという疑問が生じる。そして現在も、誰もが納得する答えは出ていない。当時のヴェネツィアには、コロンナ姓の人物がふたりいて、どちらも名はフランチェスコ、どちらも『ポリフィルス狂恋夢』の作者の可能性がある――ひとりはローマ出身の一族の当主、もうひとりはサンティ・ジョヴァンニ・エ・パオロ聖堂の修道院のドミニコ会修道士だ。

こんにちでは、修道士によって書かれた小説だという説が優勢だが、もう一方の説を支持する者も根強くいる。当主の説にとって有利なのは、本の中に修道士とはほとんど関連のない紋章が随所に登場することだ。ほかにも手がかりがある。レオナルドの兄弟のベルナルディーノが、ヴェネトに住んでいたカテリーナ・コロンナ――フランチェスコの姉妹――の娘、フランチェスカ・デッラングイッラーラと結婚したという事実だ。さらに一五四六年のフランス語版には、折句《おりく》は「博識で高名な一族の貴族」を指し示すと書かれている。

一方、修道士説の裏付けとなるのは、物語が一四六七年のトレヴィーゾを舞台にしていることだ。修道士コロンナは、まさにトレヴィーゾ出身だった。そしてポーリアは、ルクレツィア・レッリと名乗っている。レッリ家は、パドヴァとトレヴィーゾのあいだの農地を所有する有力一族で、テオドーロ・レッリは一四六四年のペスト流行時にトレヴィーゾの司教だった。前述のベルナルディーノ・クラッソは、一四九八〜一五〇〇年までサン・マルコ大同信会で重要後見人も務めていた。この建物はサンティ・ジョヴァンニ・エ・パオロ聖堂のドミニコ会修道院の隣に建っており（現在は市民病院として利用されている）、出資者の兄弟がどちらかのコロンナとの仲介者であったことも考えられる。

さらに付け加えるなら、当時、修道士のコロンナは本を一冊出版している。それが事実であるのは、一五〇一年六月五日に――『ポリフィルス狂恋夢』の出版からちょうど一年半後――ドミニコ会の管区長ヴィンチェンツォ・バンデッロがフラ・フランチェスコに対して、教会管区の神父が彼の出版のために使った資金を返すよう命じているからだ。わざわざ大司教が労を取るところを見ると、かなりの金額だったにちがいない。また、『ポリフィルス狂恋夢』の売れ行きは低調だった。一五〇九年二月十六日には、レオナルド・クラッソが「戦時下の混乱により（中略）いまだにほぼすべてが手つかずのままで、そのため莫大な費用がかかる」として、著作物特認権の十年延長を申請した。出版から十年経っても倉庫に大量の在庫が残っている状態で、カンブレー同盟戦争に追い討ちをかけられれば（その三カ月後、ヴェネツィアはアニャデッロで大敗を喫する）、売り上げが伸びないのも無理はない。

したがって、フランチェスコ・コロンナは販売収益で借金を帳消しにしようと考え、ほかならぬ修道会に融資を申しこんだのかもしれない。だが、思惑どおりにはいかなかった。とはいうもものの、借金が『ポリフィルス狂恋夢』の出版のせいだという証拠はなく、その一方でレオナルド・クラッソは出費を完全に隠し、その結果、修道士には、すでに支払われた本をマヌーツィオに出版させるために融資を申しこむ理由はなかったようにも思われる。その資金が本当に『ポリフィルス狂恋夢』の出版に役立てられたのか、あるいは何かほかのことに使われたのか、我々には知る由もない。

修道士フランチェスコには悪い噂が絶えなかった。ドミニコ修道会の上層部に呼び出されたのは一度のみならず、このうえなく重い罪でヴェネツィアから追放されたこともある。一五一六年には、すでに八十歳を超えていたにもかかわらず、さらなるスキャンダルに巻きこまれる。上司の聖職者をソドミー（不自然な性行為）で告発し、のちに撤回するが、今度は自身が少女を誘惑したとして告発された。そして、またしてもヴェネツィアから追放されたが、いわば伝説的存在となってふたたび戻り、一五二七年に九十四歳で死去した際には、マッテオ・バンデッロが彼の大罪を短編小説にして後世に残した。

世界で最も美しい本の真の著者が誰かという問題は、そう簡単には解決しそうにない。

語り継がれる神話

たとえアルドの趣味ではなかったとしても、『ポリフィルス狂恋夢』はたちまち世間の注目を集める。一五〇七年にはアルブレヒト・デューラーが一ドゥカートという高額で購入しているが（ミュンヘン州立図書館所蔵）、他の二折判の大型本が同等の価格だったことを考えると、けっして大げさではない。

この本を献呈されたウルビーノ公グイドバルドも明らかに一冊所有しており、その本は一五〇三年からウルビーノの宮廷に仕えたバルダッサーレ・カスティリオーネの手に渡る。だが、カスティリオーネは気に入らなかったらしく、実際、一五〇七年に草稿に着手して十六世紀の大ベストセラーとなった『宮廷人』で酷評している。曰く、凝りすぎて作為的な表現のせいで、一時間の会話が千年にも感じられる。それでも、わかりにくい言葉遣いが何らかの形で一般に使われていることは認めざるをえなかった。「女性たちがつねにポリフィルスの言葉を使って書いたり話したりしているのを見たことがある」。

イタリアでは、『ポリフィルス狂恋夢』はそこそこの売れ行きにとどまり、一四九九年の出版後は、一五四五年に初版と同じ木版画を用いた第二版が発行されただけだった。それに対してフランスでは、新たに追加されたみごとな挿絵が功を奏した。フランソワ・ラブレーは『ガルガンチュアとパンタグリュエル』で庭や神殿を描写する際に、この作品を引用した。この物語の第三巻は、『ポリフィルス狂恋夢』のフランス語版と同じ一五四六年に出版されている。その後、『ポリフィルス』は版を重ね、一八八三年には第八版が発行された。一方、英語版は『The Strife of Love in a Dream（夢の中での愛の戦い）』というタイトルで一五九二年に初版が出版されている。

ヴェネツィア出身で、一七一八年からウィーンの宮廷詩人となったアポストロ・ゼーノは容赦なく決めつけた。「このポリフィルスの夢は多くの者の夢の元凶だった。まさに、ある集団でひとりがあくびをしつづけると、やがて周囲にうつるように」。ちなみに、著者のフランチェスコ・コロンナがドミニコ会修道士である可能性を最初に指摘したのは、このゼーノだった。

いずれにしても、この作品の名声は世紀をまたいで語り継がれていく。たとえばジェイムズ・ジョイスは『フィネガンズ・ウェイク』で、「散らばった、あるいは失われた時代の、見捨てられた地の、置き去りにされた固有語のセイヨウヒルガオの犯罪的な残骸」と表現している。夢の解釈を職業とする人物、すなわち精神分析学者のカール・ユングは、一九二五年にフランス語版で『ポリフィルス』を読んだ。

現在、『ポリフィルス狂恋夢』は初版印刷部数の半分以上、すなわち約三百部が公立図書館や個人の蔵書に登録されたり、骨董品市場に出回ったりしている。唯一無二の存在である本には、それにふさわしい価値がある。二〇一三年四月には、ロンドンのオークションハウス〈クリスティーズ〉で三十一万六千ドルの値がついた。

芸術としての『ポリフィルス』

美術史家は、フランチェスコ・コロンナの文章とティツィアーノ・ヴィチェッリオの絵において、官能の着想および感覚に明らかな共通点があることを発見した。前者は夢の中での愛の勝利を主題とし、後者は絵の具と筆の力によって、それまで夢に見るだけだった同じ愛の勝利を現実のものとしている。ティツィアーノの『聖愛と俗愛』（一五一五年作、ローマ・ボルゲーゼ美術館所蔵）は、『ポリフィルス狂恋夢』で語られる内容を表わしていると解釈することができる。長く波打った金髪の女性は、ポリフィーロが夢で出会う「乳房が細い金のへビで覆われた」ニンフだ。また別の絵画にも、『ポリフィルス』では横向きの錨の上に置かれ、忍耐を象徴している牛の頭が描かれている。

ヴェネツィア大学で建築史を教え、パッラーディオと、ヴェネツィアおよびヴェネトのルネサンス建築を研究しているアントーニオ・フォスカリは、アンコーナのゴッツィ祭壇画に描かれたサン・マルコ広場の鐘楼の尖塔に、『ポリフィルス』のオベリスクの投影を見る。問題の絵画は、一五二〇年にラグーザの商人アルヴィーゼ・ゴッツィがティツィアーノに依頼した『栄光の聖母子と聖人』（聖人は聖フランチェスコと聖ブラシウス）である。この絵にはアドリア海の三角形の商船が描き出され、アンコーナで観ることができる（当時はフランシスコ会の教会、現在は市立美術館）。聖ブラシウスはラグーザの守護聖人かつ旅と商人の保護者で、描かれている街はヴェネツィアだ。

フォスカリは、サン・マルコの塔（もともとは灯台の塔だったことから、当時はそう呼ばれていた）の先端がオベリスクを表わしていると考えている。ボルドンが彫り、アルドが彼の最も名高い本に印刷した、あのオベリスクだ。年代も一致する。サン・マルコの塔は、まずは一四八九年の地震によって、次に一五一一年の火事によって被害を受けたため、最初はなかったピラミッド形の尖塔を取りつけることになった。改修工事は一五一三年に終了した。当時は都会的だったヴェネツィアの風景に突如現われた特異な建造物は、明らかな異教の儀式でその完成を祝われる――高いところから下方の広場に牛乳とワインを注いだのだ。フォスカリの説明によると、唯一、宗教的順応主義に譲歩したのは、頂上の幸運のシンボル象を天使に挿げ替えたことだという。〝幸運〟はそれほど遠くには移動せず、カナル・グランデを越えて、プンタ・デッラ・ドガーナ（税関）の屋根の上に落ち着いた。その一方で天使は、幸運のごとく移ろいやすい風向きによって回転する。

本の版画とティツィアーノの結びつきが確かなものであれば、ジョルジョーネとの関わりは次第に薄れていくだろう。だが、たとえ証明されなくても、このカステルフランコの画家は『ポリフィルス』の版画をもとに、『眠れるヴィーナス』（ドレスデン、アルテ・マイスター絵画館所蔵）の横たわる裸婦像を描いたことは考えられる。さらに、『ポリフィルス』のアドニスの墓でキューピッドに授乳するヴィーナスに着想を得て、『テンペスタ』の授乳する裸婦を描いた可能性もある。ヴェネツィアの美術史でもっとも有名なこの絵画は、現在アカデミア美術館に展示されている。

『ポリフィルス狂恋夢』が、あらゆる時代の美術史に残る傑作に影響を与えたのであれば、次は活版印刷の活字に決定的な変化をもたらした本について見てみよう。

第6章

『デ・エトナ』と活字の誕生

歴史において、一冊の本がその文学的内容ではなく、印刷で用いられた活字で注目されることもある。よくある話ではない。むしろ、ほとんどない。だが、一四九六年二月に出版された六十ページの短い旅行記、『デ・エトナ（エトナ山について）』は、まさしくそれが当てはまる。タイトルからもわかるように、ピエトロ・ベンボがエトナ山に登ったときのことを書いた作品だ。現在に至るまで出版界に影響を与えたのでなければ、この小冊子は見過ごされたままだったにちがいない。

アルド・マヌーツィオは余白を大きく取り、ページ内で本文の横と縦の比率を黄金比（一・六一）に限りなく近い一・六四としている。だが、それでもアルドにとって『デ・エトナ』は特別な関心を抱いた作品ではなかった。言うまでもなく、その活字が何世紀にもわたって大きな影響を及ぼすことなど想像もつかなかっただろう。彼にとっては、著者の父親である、裕福で博識な権力者、ベルナルド・ベンボから委託された仕事に過ぎなかった。とても断わることができる相手ではなく、ましてや初のラテン語の本を出すためにギリシャ語の出版を中断せざるをえなかったのだ。

結局、マヌーツィオの関心は低いままだった。出版を決めたのは、何よりも息子のベンボに恩義があったからだ。コンスタンティノス・ラスカリス自身が修正を加えた文法書の新たな版をメッシーナから持ち帰ったのが、ピエトロと、彼の友人でやはり貴族のアンジェロ・ガブリエルだった。ベンボとガブリエルは、アルドに「すべてのギリシャ文学の研究者にとっての新たなアテネ」と言わしめた、このシチリアの都市で、ラスカリスのもとでギリシャ語を学んでいたのだ。ベルナルドの息子は、とても高貴な身分の知識人だが、当時はそれほど影響力があるわけでも高名でもなかった。彼はエトナ山の頂上まで登り、噴火にも言及した紀行文をラテン語でまとめた。ある意味では、火山学の先駆けとなる作品である。もちろんアルドは、その自然科学に対する熱意に感銘を受けたにちがいない。だが、作品が日の目を見るには、当然のことながら友人であるだけではじゅうぶんではない。

フランチェスコ・グリッフォ・ダ・ボローニャ

本を印刷するには、活字の型を抜くための父型を作成する必要がある。父型の原材料は鋼で、手で文字を彫り、焼き入れをして硬度を上げる。父型を銅の板に打ちつけて文字の形をくり抜き、母型を作る。そこに鉛、アンチモン、錫を溶かした合金を流しこみ、金属が冷えて固まると、ページを組み立てて文章を印刷するのに用いられる活字が完成するというわけだ。

父型を彫るには高度な技術を要する。銅はきわめて硬く、ミスは許されない。何よりも文字や合字は、紙に印刷したときに正しい向きになるように、左右反対に彫る必要があるからだ。通常、一揃いの活字は百〜百五十回も印刷すると鉛の文字が欠け、ふたたび鋳造しなければならない。非常に繊細な作業であるのは言うまでもなく、コストの問題もある。活字の製作は、印刷の工程よりもはるかに費用がかかる。

アルドは彫刻師を探し、当時のヴェネツィアで最も優秀な人物を訪ねる――ボローニャ出身のフランチェスコ・グリッフォ。この金細工師は、ニコラ・ジャンソンの発明した活字を改良し、その形と美しさで比類なき二種類の活字を彫った。すでに当時、フランスの出版人によるローマン体は、ヴェネツィアじゅうの印刷者にとってのランドマークだった。だが、アルドは自身の本に用いたギリシャ語、続いてラテン語の活字は「フランチェスコ・ダ・ボローニャの秀でた手によって形どられた」ものであると明言し、グリッフォを称える。

グリッフォはマヌーツィオとほぼ同年代だった。一四五〇年ごろにボローニャで生まれ、父親のチェーザレのもとで金細工師の修業を積んだのち、活字父型の製作を始める。当時、出版業界は成長著しく、宝飾品を離れ、この新たな活動に身を投じる金細工師が跡を絶たなかった。最初、グリッフォはボローニャの印刷者ベネドット・ファエッリのもとで働き、その後、一四七四〜八〇年のあいだにパドヴァへ移って、ジャンソンのために二種類の活字を彫っている。一四八〇年、彼はヴェネツィアに移住し、活字の鋳造所を設立、運営しようと考える。そしてアルドのために四種類のギリシャ語活字、五種類のローマン体活字、そして「チャンサリー筆記体」と呼ばれる初のイタリック体を生み出した。この革命の主人公ともいうべき活字については後述する。さらに彼はヘブライ語の活字も製作したが、試し刷りに使用されただけだった。その後、ヴェネツィアを離れたグリッフォは、フォルリの出版人グレゴーリオ・デ・グレゴーリのためにアラビア文字の活字を彫ったと言われている。

ジャンソンによってローマン体が発明されてから二十五年を経て、ようやく挑戦者が現われ、それに代わる新たな活字を生み出した。ちなみに、ジャンソンの父型、活字、母型は、彼の死の直後（一四八〇年）、のちにアルドの共同経営者にして義父となるアンドレア・トッレザーニに買い取られ、ある意味では一周して元に戻るかたちとなった。アルドの友人はラテン語の碑銘の飽くなき研究者ぞろいで、彼らの研究対象である古代の碑文がマヌーツィオの文字の選択に影響を与えたのは間違いない。

グリッフォは几帳面で細かいことにこだわる性格——見方によっては〝狂信的〟——だったにちがいない。その証拠に、アルド印刷所で最初にギリシャ語の活字を製作した際には、前述のように文字、合字、記号を含めて三百以上の活字を彫っている。それほど深く詮索しなくても——この分野では〝狂信者〟というだけで評価に値する——フランチェスコ・ダ・ボローニャは近代性を取り入れたと言えるだろう。グリッフォの文字は我々の目にも親しみやすく、釣り合いが取れている。それに対してジャンソンの文字は、当時の人文主義書体に基づいているため、どこか遠い世界のものに感じられる。具体的に見てみると、ジャンソンのピリオドは菱形だが、グリッフォは丸い。「g」のふたつの丸は、ようやくバランスがよくなり、「e」の横線は傾かずに水平で、大文字は小さくなって文章全体が調和している。人文主義者のグリッフォは古代ローマの碑文を研究したのに対して、ジャンソンは一時代前の中世のカリグラフィーに着想を得た。素人目には、指摘されなければこうした違いは気づかないが、誰が見ても明らかなのは、私たちが見慣れている印刷物とまったく変わらない、均一で洗練され、何よりも美しい字並びであろう。

最初にグリッフォの功績を認めたのは、ワイマール出身のタイポグラファー、ハンス・マルデルシュタイクだった。スタンリー・モリスンの友人で、タイムズ・ニュー・ローマンの製作に携わったこの人物については後述するが、彼は一九二六年にヴェローナに移住し、〈アルノルド・モンダドーリ〉でガブリエーレ・ダンヌンツィオの全集を出版する（全四十九巻、二百九部を手作業で紙に、十一部を羊皮紙に、二千五百一部を機械で印刷。計九年間に及ぶ作業）。ある記事で、マルデルシュタイクはアルドの活字について次のように語っている。「グリッフォは真の意味で選ばれた芸術家であり、紛れもない天才である。彼はローマン体活字で決定的な形を考案した。稀有な美しさを持つギリシャ文字、彼自身が完成させたイタリック体、全体としても、小文字と比べても、真の意味で比類なき大文字」。

アルドのイタリック体は、まっすぐな大文字のおかげで容易に見分けがつく。その優美な書体は十六世紀の出版人から高く評価され、イタリアのルネサンスおよび近代において模範となった。これでおわかりいただけただろう。フランチェスコ・グリッフォがいなかったら、アルド・マヌーツィオが我々の知るアルドとなることはなかった。だが、はっきりしないのは、アルドがどれだけグリッフォに影響を及ぼしたかということだ。グリッフォは芸術家だったが、何もかもひとりで行なっていたわけではないはずだ。マヌーツィオが部屋の隅で古典文学を読みながら、このボローニャ人が活字を彫り終えるのを辛抱強く待っていたとは考えにくい。むしろ、ふたりが緊密に協力し、意見や提案を交換していたと見るほうが妥当だろう。アンブロジアーナ図書館に保管されているアルドの手稿のギリシャ文字の筆跡と、フランチェスコが作ったギリシャ文字の活字の類似が指摘されているのも偶然ではあるまい。とはいうものの、すべては仮定に過ぎない。実際には、それぞれの袋からどれだけの小麦粉を出し合ったのかは誰にもわからない。

現代における遺産

『デ・エトナ』で使用した活字を彫ったあと――同じ活字でアルドはアレッサンドロ・ベネデッティの『Diaria de bello Carolino（麗しいカロリーノの日記）』と、一四九八年にポリツィアーノの『全集』を出している）――フランチェスコは最も美しい本と称される『ポリフィルス狂恋夢』のために新たな活字を製作したが、均衡のとれた字体が本文の優美さに貢献したのは間違いない。

ひとつ明記しておくことがある。ジャンソンのローマン体に対しては、すぐさま大きな反響があったが、『デ・エトナ』の活字は違った。その後、何世紀にもわたってヨーロッパのアルファベットの原形となり、脚光を浴びるまでには、三十五年もの歳月を要し、パリに舞台を移す必要があった。だが、脚光を浴びせたのは、フランスの活字鋳造界で最も有名で影響力を持つ、かのクロード・ギャラモンだった。当時のフランスにはイタリアのルネサンスに対する賛美が満ちあふれ、実際、ギャラモンをはじめとして、少なからぬ活字製作者が『デ・エトナ』からインスピレーションを得ている。

ギャラモンはグリッフォのミスも修正した。たとえば、「G」や「M」に欠けていたセリフ（文字の端にあるヒゲのような装飾）を追加している。後述のスタンリー・モリスンによれば、「ギャラモンは（中略）フランチェスコ・ダ・ボローニャのさまざまな字体の活字を複製したに過ぎない。そして彼は、すべての名声をかすめ取った」。一五四〇年以降、ギャラモンはヨーロッパの大手印刷所のために活字を製作した。一五六一年に死亡したが、その後も彼のローマン体は大陸全土に普及し、十八世紀末にパリ出身のフェルミン・ディドや、サルッツォで生まれてパルマで活躍したジャンバッティスタ・ボドーニの活字に取って代わられるまでは印刷界に影響を与えつづけた。

だが、アルドのローマン体の幸運はまだ終わらない。前述のマルデルシュタイクに話を戻そう。一八九二年に、フリードリッヒ・シラーやヨハン・ヴォルフガング・フォン・ゲーテが暮らした街、ワイマールで生まれたマルデルシュタイクは、ボンとウィーンで勉強し、イエーナ大学を卒業した。幼少期から患っていた結核のせいで兵役を免除され、おかげで第一次世界大戦にも駆り出されずに済んだ。そして、やはり健康上の理由で、一九二二年にスイス南部のティチーノ州モンタニョーラに移住し、そこで小規模の印刷所〈ボドーニ工房〉を開設する。二十世紀で最も長く続いた印刷所で、五十四年間のうちに、約二百点を出版している。彼は大きな苦労の末に、パルマの博物館に保管されていた十二セットのジャンバッティスタ・ボドーニの母型を手に入れた。マルデルシュタイクの出版する本は印刷マニアのあいだで評価がうなぎ上りとなり、彼はそのうちのひとり、イギリス人のスタンリー・モリスンと連絡を取りはじめた。やがてふたりは直接顔を合わせ、その間にモリスンは〈モノタイプ・コーポレーション〉で働くようになる。そして一九二六年、ハンス・マルデルシュタイクは〈モンダドーリ〉主催のダンヌンツィオの出版コンテストで優勝し、ヴェローナで〈ヴァルドネガ印刷所〉を立ち上げると同時にイタリア国籍を取得して〝ジョヴァンニ〟と名乗る（ちなみに〈ヴァルドネガ〉は現在も営業を続けている）。

そして迎えた一九二九年――アルド印刷所とアルドの遺産にとって重要な年だ。この年、モリスンが『デ・エトナ』の再版で「モノタイプ・ベンボ２７０」という活字を発表する。〝ベンボ〟の名はそのままで、二十世紀の編集形式に合わせたものだ。この活字は、私たちが現在読んでいる本のみならず、一九九〇年にデジタル化されてコンピューターでも使われている。だが、モリスンはちっとも満足していなかった。文字が堅苦しく整然としすぎて、対にするイタリック体のデザインが難しかったのだ。結局、それは三年越しの課題となる。彼は一九二〇年代半ばにベンボの『デ・エトナ』と出会い（三十二冊が公立図書館に保管され、十冊ほどが個人所蔵だと考えられている）、活字を徹底的に研究した。

その間にマルデルシュタイクが新たな活字を製作することになり、モリスンはフランチェスコ・グリッフォを参考にするようアドバイスした。ドイツ人は書誌学者の友人から『デ・エトナ』を借りて入念に調べ、頻繁に使われる文字にはさまざまな変形文字が存在することに気づいた。手書きの筆跡を真似ようとしていた十五世紀には、よく見られた習慣だ。だが、これほど幅のある変形文字はなかった。「e」は五種類、「a」も三種類ある。おそらく、できるだけ写本に似せようとして作ったにちがいない。写本では、筆記者が同じ文字をわずかに変えて書き写すことがあった。いずれにしてもマルデルシュタイクにとっては、ベンボの活字をもとに新たに製作する作業は困難を極め、完成までじつに十年もの歳月を要した。〝グリッフォ〟と名づけられた活字は一九三九年に初めて使用され、原本とほぼ同じ作品となる一方で、モリスンの「ベンボ」は違いが明らかだったが、それには理由がある。後者は市場を意識して作業したのに対して、前者は自分自身のために製作したのだ。

その間、一九三二年にモリスンは会社の名を現在まで残すことになる活字を開発する——タイムズ・ニュー・ローマンだ。その一年前に、イギリスの『タイムズ』紙に依頼されたものだが（そこから名前がつけられた）、最近の研究によると、船舶設計者でパイロットのウィリアム・スターリング・バージェスの作品だとする説もある。グリッフォとマヌーツィオによるヴェネツィアン・ローマン体の遺産は、一五七六年までアントワープで働いていたクリストファ・プランタンの仲介によって、世界で最も普及して使用されている活字となった。

モリスンは、自身の新たな活字は「凝り固まって窮屈、平凡で堅物」であり、「ゆったりと開放的、悠然として豊か」ではないと断言している。一枚の紙にできるだけ単語を印刷するために、実用性や、スペースと費用の節約を目指したのだ。だが、これはかならずしも窮屈で犠牲を払うとは限らず、むしろ喜ばしいことに思える。目的は経済性と読みやすさの両立なのだ。さらに言えば、当時の『タイムズ』――おそらく世界で最も重要な新聞――は、他紙のように灰色がかった薄い紙ではなく、分厚い白い紙に印刷されていた。そのため、タイムズ・ニュー・ローマンは他の新聞ではほとんど使われず、もっぱら書籍や雑誌向けだった。『タイムズ』は四十年後に用紙を変える。そして一九九〇年代初め、マイクロソフト社がWindowsのデフォルトのフォントにタイムズ・ニュー・ローマンを選んだ。まさにルネサンスから現代へ、ひとっ飛びである。

イタリック体

いまなお印刷に影響を及ぼしているアルドのローマン体について見てきたが、グリッフォとマヌーツィオによる真の偉大な技術革新はイタリック体である。この活字のおかげで、印刷技術は調和と気品の手段となった。マッテオ・バンデッロもアルドの「活字の美しさと洗練さ」を強調している。発明したのはグリッフォとマヌーツィオだが、やはりこれに関しても、アルドの創造性とフランチェスコの能力がそれぞれどこまで寄与したのかを判断するのは容易ではない。いずれにしても、一五〇二年にグリッフォがヴェネツィアを去ってからは――まさにイタリック体の独占使用権が原因だった――アルド印刷所では新たな活字を準備せず、もっぱら古いものを使いつづけた。

すでに述べたが、ルネサンス時代の印刷人が何よりも目指していたのは、写本と見分けがつかないほどの印刷本を作ることだった。ヨハネス・グーテンベルクが聖書をゴシック体で印刷したのは、一四五五年当時のマインツでは、そのように書かれていたからだ。その十年後、ドイツ人のアルノルト・パナルツとコンラート・シュヴァインハイムがスビアーコのベネディクト会修道院で、まさしく「ローマン体」と呼ばれる書体を用いて、イタリアで初の書籍、キケロの『弁論家について』を出版した。イタリアでは、ドイツと異なる書体が用いられていたのだ。

証書の作成には「チャンサリー」という別の書記法が用いられた。文字どおり書記局《チャンサリー》のもので、言うまでもなく、ヴェネツィアのドゥカーレ宮殿の秘書官もこの方法で書いていた。アルド・マヌーツィオは、その字体を活字にしようと考え、フランチェスコ・グリッフォがそのアイデアを実現した。そうして生まれたのがイタリック体である。起源についてははっきりしている。初登場は一五〇〇年、シエナの聖カテリーナによる『書簡集』だが、これは予行演習のようなもので、マヌーツィオ研究の第一人者とも言うべきカルロ・ディオニソッティによれば、秘密兵器としての位置づけだった。その後、またたく間に出版界を席巻し、アルドの発明のなかでは最も幸運だったと言えるだろう。

『書簡集』の唯一の挿絵では、聖女は右手に「Jesu dolce Jesu amore」という句の書かれた本を、左手には「Jesus」と書かれた心臓を持っている。出版史上初となるイタリック体の言葉だ。その後に使われている活字と比べ、細かい点がいくつか異なることから（たとえば「i」の点の位置が移動している）、これは一種の試験運用だと考えられる。初のイタリック体で印刷する言葉の選択も偶然とは思えない。当時の格言が示しているように、〝イエス〟の名のもとで「幸先のよいスタート、これからやるべきすべてのこと」を意味する。翌一五〇一年には、初の文庫本となるウェルギリウスがこのイタリック体で出版され、それ以降、この活字は、ラテン語も俗語も含めたすべての八折判に使用されるようになる（詳細については次章）。いずれにしてもアルドは、自身のイタリック体はギリシャ語もラテン語も、どんな写本にも負けず劣らず美しいと満足していた。

イタリック体の父型の個数は百五十と、ギリシャ語のイタリック体で用いられる父型の倍以上だった。当時は現在とは異なり、一般にローマン体よりもイタリック体のほうが読みやすいと考えられていた。いまでは文全体に使うことはなく、引用、タイトル、頭文字、外国語など、ローマン体のページ全体で一部を目立たせるために用いるのみだ。アルドは、ウェルギリウスの序文でフランチェスコ・ダ・ボローニャをラテン文字の作者として紹介している。一方で、その二年後には、すでにファーノに移っていたゲルション（ジローラモ）・ソンチーノが、彼をラテン文字、ギリシャ文字、ヘブライ文字の「最も高貴な製作者」であると明言している。ソンチーノが（彼については後述）当時のヘブライ語出版の第一人者であることを考えると、ヘブライ文字について言及しているのは興味深い。

しばらく前までは、アルドの研究者はほぼ全員が、イタリック体の使用によって紙を節約することができたと考えていた。当時は紙代が本の最終価格の五十パーセントを占めていたため、たとえわずかな節約でも歓迎された。参考までに、いま皆さんが読んでいる程度の厚さの本の場合、一冊当たりの製造原価は、発行部数、紙や製本によってばらつきはあるものの、ざっと見積もって一ユーロ前後だ。いずれにしても、五百年前に比べると、紙のコストは雲泥の差である。

イタリック体はローマン体よりもコンパクトであるため、文章はより少ないスペースに収まる。自分のパソコンでローマン体の文章をイタリック体に変換してみれば、確認できるはずだ。一方でマヌーツィオは、実業家として財布の紐がとても固く、前述のように、イタリック体による出版が経費節減の鍵になると考えた。こんにちでは、もはや通用しない意見である。言うまでもなく、文庫本のほうが安上がりだという考えも同じだ。紙一枚の価格で比較してみると、実際には文庫本のほうが高くつくため、文庫本の出版を手がける者は紙の節約にはあまり関心がなかったと言える。さらに、それが本当の目的だとしたら、他のおおぜいの印刷者と同じように、見出しを減らし、本文を紙の縦幅ぎりぎりまで印刷することで、より簡単に達成できただろう。しかしアルドの本は、どれも行間が広く、余白もたっぷり取られている。もっとも現代の編集者に言わせれば、そのほとんどは、何世紀ものあいだにさまざまな製本職人の手によって修復されてきたせいで、原本のゆとりは失われてしまったかもしれない。

グリッフォとの決別

イタリック体による初の文庫本が出版されてから、しばらくしてフランチェスコ・グリッフォはヴェネツィアを去る。一五〇一年三月二十七日にマヌーツィオが「きわめて美しく、二度と作られることのないイタリック文字」に対して独占使用権を申請したことが原因だとされている。一五〇二年十月、ヴェネツィアの上院は「手書きのように見える、このうえなく美しいラテン語のイタリック文字」に対して独占権を認めた。これは革新的な出来事だった。というのも、それまで保護の対象とされていたのは本文のみで、活字および書式は対象外だったからだ。

だが、これによってボローニャの活字製作者が利益を得ることはなく、むしろ、自身の活字をヴェネツィア共和国内の他の出版人に提供することが不可能となった。それゆえ、多言語聖書の出版を実現することなくヴェネツィアを離れた（現存する多言語聖書はラテン語、ギリシャ語、ヘブライ語版）。

マヌーツィオとの関係を断ち切ったあと、グリッフォは同時代で名高い何人かの出版人と仕事をしている。最初はマルケ州ファーノのゲルショム・ソンチーノのもとで働いた。その名のとおり、クレモナ近郊のソンチーノで生まれた彼は、何よりもイタリアでのヘブライ語出版の普及に貢献した人物である。十五世紀末から十六世紀前半までは、もっぱらソンチーノ一族がヘブライ語の出版を担っていた。ちなみにゲルショムは、ブレッシャに滞在していた一四九四年に、いわゆる「ベルリン聖書」を出版している。これはマルティン・ルターが聖書をドイツ語に翻訳する際に使用した底本となり、宗教改革を民衆へ広げる役割を果たした（現在もベルリンに保管。そこから「ベルリン聖書」の名がついた）。

ソンチーノは一五〇二年の末にヴェネツィアにいた。したがって、グリッフォとともにファーノへ向かった可能性もある。その地でふたりはペトラルカを出版した（当時の出版人にとって、十六世紀最大のベストセラー作家のひとりであるペトラルカは、いわば保険だった）。その後も、グリッフォは同じマルケ州のフォッソンブローネでオッタヴィアーノ・ペトルッチと仕事をしている。ペトルッチは楽譜の出版で初めて活字を用いた人物だ。出版されたのは一五〇一年のヴェネツィアだったが、同じ年に偶然、アルドがイタリック体で文庫本の出版を開始している。グリッフォとペトルッチはヴェネツィアで知り合ったとしても不思議ではない。そしてペトルッチは故郷に戻り、かつてのマヌーツィオの活字製作者と仕事をした。グリッフォはフォッソンブローネに留まり、ペーザロ出身のベルナルディーノ・スタニーノのもとで働く。やがてヴェネツィアに立ち寄ったのちに、おそらくフィレンツェでフィリッポ・ジュンタ（もしくはジュンティ）のイタリック体を製作する。そして十年間の独占使用権が切れると、今度はヴェネツィアの他の出版人のためにイタリック体を作った。

一五一六年、ボローニャに戻ったグリッフォは出版業を始め、ペトラルカの『カンツォニエーレ』を小型版（十一×五・五センチ）で出版するために、それまでよりも小さなサイズのイタリック体活字を彫る。そして序文で不満をあらわにした。「かつてアルド・マヌーツィオ・ロマーノのもとでギリシャ文字とラテン文字の活字を製作したが、彼はそれを大いなる財産として所有しているばかりか、売却すれば、後世まで永遠に名が刻まれる。そこで私は、このような新たなイタリック体を考案した」。それから一年間で、彼はさらに五冊を同じ小型サイズで出版するが、そこで活動は途絶える。グリッフォは消息を絶った。忽然と姿を消したのだ。義理の息子クリストーフォロを鉄の棒（父型？）で殴り殺し、一五一八年に有罪判決を受けて死刑になったと推測されている。だが、彼の活字の物語は終わらなかった。イタリア語で「corsivo（コルシーヴォ）」というイタリック体が、英語で「italic」と呼ばれているのは偶然ではない。言うまでもなく、その起源を忘れないためだ。

イタリック体がなければ文庫本は生まれなかった。では次に、グリッフォの新たな活字と互いに補い合いつつ、小型サイズの本がどのようにして普及したのかを見ていく。

第7章

ウェルギリウス、ペトラルカ、ベストセラーの誕生

アルド以前の本は大きくて重く、持ち運ぶのが困難だった。場所を取る二折判は書見台に置かれ、立ったまま大声で読み上げられる。食堂で仲間に朗読する修道士を思い浮かべてほしい。さらに、仮に本が、たとえば四分の一ほどの大きさで、紙が二折判のように一度ではなく、二度折られていたとしても、文章は句読点で区切られていないため、どのページも同じに見えた。扉はなく、本の内容を知るためには大きな文字で印刷された文の最初の行を読まなければならなかった。著者や出版人の名前は、記されていたとしても最終ページの最後だった。正確には最後の紙と言うべきかもしれない。というのも、アルドがこの革新的なアイデアを導入する以前は、ページ番号は振られていなかったからだ。

それに対して、マヌーツィオが成功に導いた本の体裁を見てみよう。縦十五センチの軽くて扱いやすい小冊子（アルドが「手引書」、「ハンドブック」と呼んだのも偶然ではなく、文字どおり手で持つことができる。一五〇三年の目録では「手引書形式の携帯可能な本」と説明されていた）。

現代ではポケットサイズだが、当時は持ち歩けることが売りだった。

これは一五〇一年のヴェネツィアで始まる、正真正銘の大きな革命だった。そのおかげで読書が手軽に楽しめるものとなる。読む者が——大きくて運ぶことのできない——本のところへ行かなくても、本が読む者の後をついていくのだ。休憩時間に取り出して、黙って読むことができる。アルドはそのことを献呈状に明記している。こうした文章は彼の考えを知ることができる貴重な資料だ。曰く、作品は「もっと気軽に手に取って読んでもらうために」、そして「長い旅にも容易に持っていけるように、最も小さいサイズで出版される」。一五〇一年以前に出版された本では、美しさや優雅さを兼ね備えてはいるものの、そうした軌道修正は見られなかった。

さらにアルドは、一ページに二段という従来の段組みをやめ、代わりに本文を一段のみにすることで、ゴシック様式の伝統とは決別して、古代の写本の簡素な形式に戻る意志を明示した。

文庫本

そうして一五〇一年は文庫本の年となった。アルド印刷所で、その後何世紀にもわたって成功を収め、現在でも出版されているサイズの本が誕生した。マヌーツィオはまったく新しい書籍を生み出し、調和がとれ、このうえなく洗練された印刷様式は、のちの書籍制作に影響を与える。

誤解しないでほしいのは、アルドは八折判を発明したわけではなく、その体裁を古典文学に対して使用し、それを古典作品としたのだ。用途の説明に当たり、彼は学習するためではなく、読むために宮廷に教科書を持っていくことを表現するラテン語の新語まで考案した。またしてもアルドの示した勇気は、まさに称賛に値する。そのまま教師として穏やかな生活を送ることもできたにもかかわらず、出版界に飛びこみ、最初の五～六年間に出版した本の売り上げは明らかに伸びなかったため、小型サイズの本の出版を始めて打開策を模索したのだ。

この小型サイズは、すでに聖職者が持ち歩く典礼書に採用されていたが、もっぱら宗教の世界に限定されていた。ちなみに、共同経営者で未来の義父であるアンドレア・トッレザーニの工房でも、そうした典礼書を出版していた。だが、現在わかっているかぎり、アルドが着想を得たのは宗教からではなく、親しかったベルナルド・ベンボの蔵書に含まれていた小型の写本だった。「この本の携帯可能なサイズは、あなたの、正確にはあなたのこのうえなくやさしい御父上、ベルナルドの蔵書から思いついたものだ。まさについ数日前、私の要望により、すぐさま同じサイズの本を何冊か貸していただいた。すでに八十を越えておられるのに、すばらしいご厚意には頭が下がる思いである」と、アルドはピエトロ・ベンボに対する献辞に記している。

同じサイズの本を制作するために、アルドはとある製紙工場――特定はされていない――に大きさを指定した紙を発注し、一五〇三年のエウリピデスの未綴じ本をサンプルとして示した。その本は現在、ニューヨークのモルガン・ライブラリーに保管されている。製本職人の手にかかったことのない、このエウリピデスの第二巻によって、全集の出版に用いられた紙のサイズが明らかになった（約三十五×四十二センチ）。その結果、アルドは八折判用に、トスコラーノ＝マデルノにある製紙工場に特別なサイズの紙を用意させたという説が裏づけられた。これは伝統的な普通紙よりも幅が狭くて縦に長いことから、研究者のあいだでは「細長」と呼ばれている。マヌーツィオは小型本のサイズを変更し、それは現在まで引き継がれている。彼はまた洗練された装丁を心がけると同時に、中身についても文字もページ付けも厳密に管理した。

成功は発行部数によっても証明されている。初版の千部が、ときには二倍、三倍になることもあった。最高記録は当時、大人気を博したカトゥルスの三千部だ。インキュナブラの時代には五百部だったが、それより少ないこともあった。これがいかに革命的な出来事であるかを証明するためのデータがある。マヌーツィオが出版を始める以前は、八折判は全体の五パーセントに過ぎなかったが、彼の死から二十五年後の一五四〇年には、市場に出回っている本の五十一パーセントにまで達していた。

アルドの文庫本はイタリック体と切っても切り離せない関係にあり、一方の存在なしには他方も存在しなかっただろう。初の文庫本となった一五〇一年のウェルギリウスで、アルドは出版計画のようなものを示している。「引き続き、重要な著者の全作品を同じ字体で出版する予定である」。

だが、当時はアルドの新たなラインナップを前にして眉を吊り上げる者もいた。学者たちは困惑した。彼らが関心を持っていたのは、アルドが唯一の提供元だったギリシャ語書籍のみだった。一五〇一年、ラスカリスは「儲け」が目当てのマヌーツィオの「ギリシャからイタリアへ」の「移住」を非難し、「学者にとっては死活問題にもなりかねない恥ずべきこと」だと抗議した。アンジェロ・ガブリエルはデモステネスの出版を訴え、シピオーネ・フォルテグエッリはローマから手紙を書いて、ギリシャ語出版の打ち切りに対する憂慮を表明する。だが、それは根拠のない懸念だった。なぜなら規模は縮小したものの、アルドはギリシャ語の古典文学から手を引いたわけではなかったからだ。

娯楽としての読書

小型本は紛れもなく画期的な変化をもたらした——本を読む方法を変え、読書の動機を多様化する。アルドの文庫本以前は、本はとりわけ教育や仕事のために読むものだった。本から知識を習得する必要のある人々のなかには、学校の生徒や大学生は言うまでもなく、法律家（法律書は最も高価で、出版人に最高の売り上げを保証した）、医師、さらには料理本の普及を考えると料理人など、専門分野に属する者もいた。とりわけ仕事で本を使用するのは修道士だった。祈りや典礼の言葉を読むのは（現在でも）聖職者の活動のひとつである。それ以外にも、前述のように仲間が食事をしている最中に食堂で大声で読み上げる修道士、正統性を確かめたり、場合によっては検閲のために本を調べるドミニコ会修道士、あるいは検邪聖省で「禁書目録」を作成する高位聖職者もいただろう。

このような場合、本は気晴らしでも趣味でもない。それに対して小型本は、そうしたアプローチを可能にする――余暇を読書に充てる。これは後付けの説明ではなく、アルド自身がそのことを強調している。友人のマリン・サヌードにホラティウスを送る際に、「大きさが小さければ公職の休憩中に読むことができる」と説明しているのだ。ヴェネツィア軍副司令官バルトロメオ・ダルヴィアーノに対しては、休戦中に読めると断言して送った。ハンガリー王国の書記官ジギスムント・トゥルゾは、宮廷での多忙な一日に、ほんの数分間くつろぐことができたと、アルドに対して礼状を書いた。ニッコロ・マキャヴェッリは、アルド印刷所の名は出していないが（一五一三年）、狩りのあいだに読んだ小さな本は、ヴェネツィアで出版された他の本でも、フィレンツェの〈ジュンタ〉による模倣版でもなかった。

すでに述べたように、これも現代まで続いているが、黙読という思いがけない習慣も生まれた。手引書は手に持ち、大声を張り上げることなく心の中で黙って読む。

何よりも、人々は楽しみのために本を読むようになった。アルドがその必要性を作り出したと言っても過言ではない――読むことの必要性を。過去と現代の生活を比較してみれば、それほど大胆な意見ではないことがわかるだろう。スティーブ・ジョブズは物を発明しただけでなく、その物の必要性を生み出した。それ以前は、誰もスマートフォンを必要だとは思っていなかった。単にスマートフォンが存在しなかったからだ。だが、いまでは私たちはスマートフォンなしには生きていけない。同様に、アルド以前の時代には、趣味で本を読む者はいなかった。そのために必要な物がなかったからだ――つまり持ち運び可能な小型本が。こんにちでは皆、マヌーツィオに教えられたとおりに読んでいる。五百年経ったいまでも、アルドが私たちの手に持たせてくれた物を使い、彼が提案した方法で利用している。アルドの発明品が持つ破壊力は時間を飛び越え、おそらくこれからも飛び越えつづけることだろう。紙から電子へと媒体は変わっても、アルドが与えてくれた読書の喜びが消えることはあるまい。

欲望の対象

小型本に印刷されているのは本文のみで、注釈はない。さらに、マヌーツィオはそれまでの出版方針を変更した――今後は未発表の作品は出版せず、すでに大型本として完全な注釈付きで出ている作品を中心とする。アルドの目的は普及を促すことだった。そして前述のとおり、それはじゅうぶんすぎるほど達成された。どういうわけか、マヌーツィオは聖職者に使われていた小型本の「持ち運びやすさ」を引き合いに出している――かつては教会の人々が修道院から修道院へと渡り歩き、いまは宮廷の人々が各地の宮廷を転々とする。

マヌーツィオは、学識のある洗練された人々が読書を楽しめるように、ラテン語、ギリシャ語、俗語の詩（それに続いて散文も）を出版しようと考えた。それゆえ、これまでのように教師、学生、聖職者ではなく、新たな読者層を開発する。博識な貴族、教養のある婦人、イタリアをはじめヨーロッパのエリート、人生を充実させ、美しく高価なものに囲まれ、世間の貧困や無教養とは一線を画したいと願う者たち――こんにちで言うところの「ラジカルシック」に相当するだろうか。

目を見張るほどの成功は本の優美さとサイズのおかげで、価格は関係ない。のちにマヌーツィオは叢書を世に送り出すが、その形式が世間に知られるようになるのは、一五六二年にジョーリト・デ・フェッラーリが「叢書」の同義語として「花輪《ギルランダ》」という言葉を初めて用いてからである。アルドが受け取った手紙には、大使、宮廷人、上流社会の婦人からの感謝が記されている。アルドの文庫本は流行となり、ジョルジョーネは『緑の本を持った男の肖像画』というタイトルで、立ったまま、アルドの八折判とおぼしき本を難なく開いて手にした高貴な家柄の人物を描いている。対照的なのが、一四七五年にペドロ・ベルゲーテによって描かれた、フェデリーコ・ダ・モンテフェルトロと幼いグイドバルドの肖像だ。ウルビーノ公は大きな椅子に座り、二折判の大型本を両手で支え、本の上部を木製の手すりのようなものにもたせかけて読んでいる。このふたつの絵画で、アルドの革命を視覚的にとらえることができる。マヌーツィオ以前の本は大きくて重く、座って読むものだった。それが小さくて軽い小道具になると、立ったままでも手に持てるようになった。

本はますます憧れの的となり、アルドは一五〇五年五月二十三日付けの直筆の手紙で、羊皮紙に印刷したものをイザベッラ・デステ・ゴンザーガに勧めている。「貴殿からの手紙では、羊皮紙の作品をすべて欲しいとのことですが、いまご用意できるのは未綴じ本のマルティアリス、カトゥルス、ティブッルス、プロペルティウス、それから細密画を挿入した綴じ本のホラティウス、ユウェナリス、ペルシウスのみです。これらをお送りします」。その四日後の二十七日、侯爵夫人から返事が来る。「あなたの挙げた全作品の羊皮紙版を、綴じたものもそうでないものも一部ずつ送ってくださるとうれしいです」。アルド印刷所では、未綴じの作品だけでなく、折に触れて美しく製本されて細密画が描かれた本も出版されていた。前述のトリエステ司教の秘書、ヤコブ・シュピーゲルは、マヌーツィオに対して彼の装丁は非の打ちどころがない（「美しい製本」）と称えている。

長年の研究によって、アルドは自分で製本職人や細密画家を雇わずに、当時のヴェネツィアに星の数ほどあった工房から選んで、作業を外注していたことが明らかになっている（ヴェネツィアのサン・フランチェスコ・デッラ・ヴィーニャ教会の図書室に、アルドによる一五一四年のオリジナルの綴じ本が保管されている）。一五〇一〜〇三年にかけて出版された貴重な羊皮紙の文庫本の一部には、ベネデット・ボルドンによって細密画が描かれた。『ポリフィルス狂恋夢』の木版画家とされている人物だ。ボルドンがその後も活動を続けていたのは、一五一五年にアンドレア・ナヴァジェーロがパドヴァからジョヴァンニ・バッティスタ・ラムージオに宛てた手紙で、アルドの文庫本で「ベネット」の細密画が高額であると不満を述べていることからもわかる。

大型本と同じく文庫本でも、要求の多い客を満足させるために、紙の代わりに羊皮紙を用いた豪華版が作られた。おそらく羊皮紙版は決まった形式で製本されるのではなく、購買者に合わせてカスタマイズできるようになっていたにちがいない。現存しているアルドの羊皮紙版には、当時のヴェネツィアの裕福な名門一族の家紋が入っているものもあり――ピサーニ、モチェニーゴ、バルバリーゴ、ゾルジ――現在は各国の主要図書館に保管されている。こうした限定バージョンは十八世紀以降、蒐集家たちの垂涎《すいぜん》の的となった。

羊皮紙版の価格はかなり高額だったと思われる。欲しいものを手に入れるためには金に糸目をつけない者でも、あまりの高値に困惑するほどだったという。そこで先ほどのイザベッラ・デステ・ゴンザーガに話を戻す。マントヴァ侯夫人は羊皮紙版の一部をマヌーツィオに送り返している。廷臣に、アルドの求める価格の半分しか価値がないと言われたためだ。「それぞれの評価に基づいてお送りいただいた羊皮紙の四冊は、実際の価値の倍の価格であるため、配達人に返したところ、あなたの仲間が手数料を取っていると釈明しました」と侯爵夫人は書いている。業者がアルドの共同経営者に責任転嫁している点が興味深い。

ここまでは、とくに目新しい点はない。羊皮紙は普通紙よりもはるかに高価であるため、これを用いて作られた本は富豪のための極上品となる。特別待遇を求める裕福な顧客を満足させるために、こうした工夫を凝らしたのは、もちろんマヌーツィオだけではなかった。けれども彼は、一五一四年五月、すなわちこの世を去る九カ月前に、天才的な発想の連続だった出版人としてのキャリアにおいて、またしても紛れもない天才的な発想を——今度はマーケティングの分野で——得た。出版史上初めて、青い紙に本を印刷したのだ。原価は白い紙と同じだが、ほかとは異なる特別感が出るうえに、部数を限定すれば、より高い価格で販売することができる。つまり、製造コストを維持したまま利益を増やせるというわけだ。まだある。その四カ月後、アルドは発行部数のごく一部を勅許状の紙に印刷する。通常の紙より大きく、光沢があり、価格も五倍であることを考えると、これ以上の特別待遇はない。したがって、出版における希少性は、かならずしも高価な羊皮紙と抱き合わせになっているとは限らなかった。

青い紙は十五世紀に多くの芸術家に使われていた。とりわけヴェネトの画家にとっては、スケッチをする際に普通に用いるものだった。アルブレヒト・デューラーも、一五〇六年にヴェネツィアを訪れた折には大量に消費した。書店では、製本されていない本をその紙で包んでタイトルを記す。だが、印刷に利用することは誰も考えなかった。アルドの死後も、後継者が前例を踏襲した。現存する青い紙の本は一冊のみで、ニューヨークのモルガン・ライブラリーに保管されている。

俗語の勝利

文庫本の出版の先陣を切ったのは、一五〇一年四月のウェルギリウスだった。その後、五月にホラティウス、七月にペトラルカ、八月にユウェナリスとペルシウス、十二月にマルティアリス、そしてキケロの『友人宛書簡集』、ダンテ、スタティウスと続く。マヌーツィオが文庫本で出版する作品の選択基準は、すでに述べたとおり事業上のものだ――多くの利益を上げることができる本を選ぶ。実際、キケロの『書簡集』は、シュヴァインハイムとパンナルツによって黎明期のイタリアで出版された作品である。したがってラテン語の古典文学であるが、目新しいところでは、俗語の二大詩人、ダンテとペトラルカの作品が、友人のピエトロ・ベンボの編纂によって注釈を付けずに出版された。ダンテとペトラルカの写本は、ピエトロの兄弟であるカルロによって提供された。彼は出版費用も負担している。前述のミラノの短編作家、マッテオ・バンデッロは次のように書いた。「俗語について何を言えばいいのか？　長らく忘れ去られ、本は間違いだらけだ。ダンテやペトラルカやボッカッチョが自分の本を見てもわからないだろう。本来の純粋さが失われてしまったのだから」。

ピエトロ・ベンボとの協力が、教会に従順とは言い難いふたつの作品のタイトル付けに影響を及ぼしたことは間違いない。ペトラルカの『カンツォニエーレ』は『Le cose volgari（俗語詩断片集）』、ダンテの『喜劇』は『Le terze rime（三韻詩句）』とされた（『神曲』になるのは一五五五年のガブリエーレ・ジョリート・デ・フェッラーリ版以降）。ともに人文主義が色濃く表われたタイトルである。

出版の歴史において、ペトラルカは初期のベストセラー作家に分類される。十五世紀後半には、ダンテの『神曲』にはるかに先んじて俗語の詩が次々と出版されていた。その数は、三十年間で三十八冊にも及ぶ。記念すべき一冊目は、一四七〇年――偶然にもピエトロ・ベンボが生まれた年――にヴェネツィアでヴィンデリン・フォン・シュパイヤー（イタリア名ヴィンデリーノ・ダ・スピーラ）によって出版されたものだ。アルドの印刷機からだけでも二万部以上が生まれたと言われている。

俗語は文学の世界ですぐに受け入れられたわけではなかった。人文主義の父と呼ばれるグアリーノ・ダ・ヴェローナ（息子のガスパーレは前述のようにアルドの師のひとり）は、俗語文学は二流で、ラテン語やギリシャ語とは異なり、学識者の蔵書に加えられるものではないと断言している。実際、彼によれば、ずらりと並んだ書棚にふさわしいペトラルカはラテン語の作品のみだという。グアリーノ曰く、俗語の物語は「冬の夜長に女子どもを恋愛話や途方もない出来事で楽しませたり、恐ろしい事件で驚かせたりするために読むものだ」。十五世紀のフィレンツェでは（故郷では成功しないことの端的な例か）『カンツォニエーレ』は一度も出版されず、ペトラルカ自身はダンテやグイード・カヴァルカンティを好んで読んでいた。

だが、出版によって本の利用が増え、読者を――ある意味では――「大衆化」して輪を広げた。俗語の詩は宮廷での流行となり、権力者たちのあいだで人気を博した。たとえば一四七八年のヴェネツィアでは、ペトラルカがゴシック体（littera moderna）で再版されたが、これはローマン体（littera antiqua）で印刷された古典文学を読み慣れていない、より広い読者層に向けたものであることを示している。それだけではない。セラフィーノ・デ・チミネッリ（アクイラーノ）はペトラルカをすべて暗記して、リュートに合わせて詩を歌いながらイタリア国内の宮廷を渡り歩いた。やがて彼の名は知れ渡り、あちこちに呼ばれるようになる。このアクイラーノのおかげでペトラルカの音楽作品が流行し、ブームは十七世紀後半まで続いた。

アルド・マヌーツィオがペトラルカにこのタイトルをつけたことは意義深い。人文主義に基づいて、当初の『Rerum vulgarium fragmenta』を復活させたのだ。おかげで十六世紀初めの読者には馴染みがなかったが、二世紀後には広く認められるようになる。『俗語詩断片集』は金字塔を打ちたてた――初めて俗語の本がラテン語の作品と同等に扱われ、文献学においても同じくらい注目されるようになったのだ。注釈はいっさいつけず、読みやすいようにほどよいサイズで出版する。ベンボはこのトスカーナの詩人の作品に対して、古代の作家によって書かれた写本に匹敵するほどの校正作業を行ない、スケジュールも頭に入れて、さながら敏腕編集者として活躍した。

ペトラルカの作業は、オリジナルの写本が存在したおかげで順調に進み、組版も一三七四年に著者自身が望んだとおりに完成した——一枚につき一篇のソネットが、洗練された二段組の割り付けで印刷されている。パドヴァのカッラレーゼ家にはペトラルカの蔵書が代々受け継がれていたが、アルドの文庫本が出版されてから八年後、すなわちカンブレー同盟軍が街を征服して略奪した一五〇九年に消失する。のちにピエトロ・ベンボは、ペトラルカの自筆の詩の数枚を食肉加工店で見つけたと語っている。いずれにせよ、パドヴァの有力家族が所有していた『Rerum vulgarium fragmenta』の写本(現在はヴァチカン図書館所蔵、書架番号 Vat. Lat. 3195)は、一五〇一年の前半に彼の手元に届き、ペトラルカの言語に対する認識を変えた。ベンボは残りの人生を「俗語」の理論と文法を確立して過ごすと宣言する。

言語

人文主義者で未来の枢機卿は改訂の手を止めなかった。句読点やアクセント記号など、文章を理解しやすくし、その結果、簡単に読めるようにするための記号を積極的に取り入れる。「優れた本を厳しく陰鬱な牢獄から解放する」、すなわち、それらを不明瞭で難解なものにしている形式から自由にするのに役立つからだ。一五〇九年には、アルドは句読点には注釈と同等の価値があると述べているが、その十年後、貴族のアントニオ・ダ・カナルは異を唱え、「詩人が（中略）夢にも思わなかった」ような記号を使用したことでベンボを非難する。こんにちでは、マヌーツィオとベンボの選択は正しかったと断言できる。一五〇一年のアルドの句読点は、現在まで続く明確な基準となっている。いずれにしても、一五〇一年の出版に続く論争によって、アルドは一五一四年にさらなる新たな出版に取り組むが、実際には最初に出版した『トリオンフィ』や他の詩集に加え、発行点数を増やしただけだった。

マヌーツィオは、印刷用の原稿を作成するのに用いた『俗語詩断片集』の手稿がペトラルカの自筆のものだと明らかにしている。だが、一五〇一年七月末にロレンツォ・グスナスコが印刷所を訪れ、自慢の底本を自身の目で見て触れた際に、「それに夢中になっているパドヴァ人のもの」だったと書いている。すなわちピエトロ・ベンボだ。ひょっとしたらマヌーツィオとベンボは自筆手稿を参照したかもしれないが、実際には未来の枢機卿の手による写本を基に作業を行なったとも考えられる。そうだとしても無理もない。何しろ、オリジナルに対して約百六十箇所もの修正が加えられたのだ。ベンボがマヌーツィオを騙したか、あるいはふたりが嘘をついていたと考える研究者もいるが、おそらくその可能性はないだろう。万一、詐欺行為が明らかになれば、大損害を被る恐れがあるからだ。しかし一五二八年、ペトラルカの編纂者アレッサンドロ・ヴェッルテッロは、底本を偽装したとして、ベンボと、すでに死去していたアルドを非難する。マヌーツィオが出版する前から、すでにペトラルカは伝説的な存在だったが、アルドの貢献がその伝説を確固たるものとする。イタリア国内では合計で百四十八点の『カンツォニエーレ』が出版されているが、十六世紀だけで十万部以上が出回っていた。さらにペトラルカは、ピエトロ・ベンボがイタリア語を体系化する際に根拠とした「三つの王冠」（ダンテ、ボッカッチョとともにフィレンツェを代表する三人の文化人）の最も重要な詩人だった。

序文において、アルドはいくつかの具体例を示している。俗語では「あらゆる音でラテン語のようにはならず（中略）、〝vulgo〟というより〝volgo〟、〝populo〟というより〝popolo〟に近い」。そして最後に予告。「近刊のダンテはペトラルカに負けず劣らず正確で（中略）完全にダンテが間違えている箇所がはてしなくあったが、すべて修正されているので乞うご期待を」。

アルドがペトラルカを出版するあいだ、ベンボは父ベルナルドの所有するダンテの写本を持ってフェッラーラ近郊に身を隠していた。その写本は、一世紀半前にボッカッチョからペトラルカに贈られたものだった（Vat. Lat. 3199）。友人のエルコレ・ストロッツィ（ルクレツィア・ボルジアが信頼していた人物で、一五〇八年六月に何者かによって殺された。アルドは一五一三年、彼の死後にラテン語の詩集を出版する）の別荘から、ピエトロは一ページにつき三十行が記された美しい叙事詩をヴェネツィアへ送った。出版準備を進めている『喜劇』の続きだった。

このときもマヌーツィオは、タイトルから伝統を打破し、『喜劇』ではなく『三韻詩句』として、詩の作品であることを強調する。クリストーフォロ・ランディーノの注釈を削除することにより、解釈を完全に読者に委ねたのだ。フィレンツェの人文主義者によって一四八一年に記された、サンドロ・ボッティチェッリの挿絵入りの注釈書は、当時はダンテの作品と切り離せないものだと考えられていた。『三韻詩句』は一五〇二年に出版され、以降、俗語はアルドの出版計画の中心となる。一五〇二年はギリシャの作家への回帰の年でもあった。「この価値のあるものは、小さくなればなるほど多くの人にとって魅力的となる」と、ネアカデミアの会則の起草者であるシピオーネ・カルテロマコに宛てて書いている。

アルドは時代の寵児であり、博識で革新的であるにもかかわらず教会の教えに従順だったため、破廉恥と見なされているものは遠ざけた。出版物はすべて宗教上の厳格な戒律にのっとっている。彼の教育の理想は、自由な真理の探究を促すことではなく、キリスト教に深い根源を持つ。優れた文学作品の復活は、それ自体が入念な計画ではなく、「正直で常識的な」人間になるために、学問を通じた立派なキリスト教徒の育成に役立つ。たしかにすばらしい文学は教育の目的であるが、彼の文学に対する愛情は道徳と不可分であり、「一方が欠けた状態でもう一方を実現することは妥当ではない」ことを認め、「きわめて学識の高い放蕩者よりも、無学だが道徳観を持った若者」を好むと断言するほどだった。ギリシャ語は知識とキリスト教の倫理を補完するのに役立つ――「ギリシャ語を習得し、キリスト教徒として生きる」。ヘブライ語は聖典に精通するのに必要だ――「幼少期に得ることはとても重要だ」。アルドは、若者の頭に伝承を吹きこみ、「博識家の大半を（中略）邪悪な異端者」とする異教の淫らな詩人を非難した。

ボッカッチョの『フィローストラト』については、「解毒剤のない毒のごとく広まった」と書いており、その結果、内容を反証するエウセビオスの論評を巻末に追加して、解毒剤を提供しようと考えた。ウェルギリウスの淫らな詩は出版したくないと明言し、ルクレティウスとは距離を置く。そうすることで、俗語の作家からボッカッチョを排除する意志を明確にしたにちがいない。

娯楽と学問

文庫本の出版計画からは、刊行作品は魅力的であると同時に、マヌーツィオの教育的な目的が掲げられていることがうかがえる。たとえば、前述のキケロの『友人宛書簡集』は修辞学の学校のテキストとなり、アルドは一五〇二年の序文で次のように書いている。「これを勉強する者は豊かで洗練され、何よりも流暢に書くことができる作家となる」。そして他のキケロの作品も出版する一方で、俗語の書簡集は顧みず、またしても分野の選択を明確にした。ヘロドトス、トゥキディデス、カエサルは、とりわけ優雅な文体で叢書に加えられ、一方でヴァレリオ・マッシモの歴史書は、すでに広く普及していたために商業価値があった。

いずれにしても、アルドの飽くなき挑戦は続く。一五〇五年には、ギリシャ語の信仰の小冊子、聖母への祈禱書をいままでにない小型版——三十二ページ折り——で出版してみる。それは当時の流行のようなものだった。他の出版社は十二ページ折りや二十四ページ折りで印刷していたが、マヌーツィオは自身の腕前を披露して、みごとライバルたちを打ち負かした。その一方で正反対のこともする――同じ一五〇五年にアイソーポスの寓話を、通常はミサの規範版のサイズである二折判で出版したのだ。かと思えば、今度はクイントス・スミュルナイオスの『ホメロス後日譚』の規範版を八折判で出す。あたかも、それまでの出版における基準をひっくり返して楽しんでいるかのようだ。

だが、次々と挑戦を成し遂げていく裏で、棚上げされたまま具体的な結果が出ないものもあった――ヘブライ語への挑戦である。

第8章
ヘブライ語聖書

アルドの出版活動において、ヘブライ語は大きな懸案事項だった。多くの資料から、マヌーツィオが出版準備をしていたにもかかわらず、何らかの理由で本格的に取りかかれなかったことが明らかになっている。『Breve introduzione alla lingua ebraica（ヘブライ語入門）』は、未刊に終わったヘブライ語文法書の基となるもので、一五〇一年にラスカリスの『弁論八部集』の巻末に追加されて出版された。六年前に出たギリシャ語文法書の続編である。

アルドは次のように書いている。「ヘブライ語は聖典の理解に必要だと考え、読み方を習得できるように、アルファベット、文字の組み合わせ、その他さまざまな指示を記す。これらが好評を博したら――かならずや――文法の手引書、辞書、聖典を出すつもりだ」。この文は、アルドが監修したラテン語文法書の第二版（一五〇一年）でも繰り返されている。その次は一五一二年のラスカリスの再版時だ。

ヘブライ語、ギリシャ語、ラテン語の多言語聖書の校正刷りが一枚だけ現存しており、アルドがヘブライ語の活字を一組持っていて、それを利用するつもりだったことがうかがえる。「我々の聖典のために、ヘブライ語の原書も手がける準備をしている。将来、ヘブライ語からギリシャ語に、ギリシャ語からラテン語に翻訳すれば、アクセントや正しい綴り字に精通するために、前者と後者を対比させ、ギリシャ語の原書を写し直すことができるだろう」。だが、それは実現しなかった。一四九八年に公表された計画は、おそらく他の作業のせいで立ち消えになり、一五一三年のピンダロスの序文で再度触れられたものの、またしても放棄され、それきりだった。

ラテン語文法書の最終章に聖パオロの言葉が引用されていることから（「Ego sum hebraeus（私はユダヤ人だ）」）、マヌーツィオが改宗したユダヤ人ではないかという仮説もある。だが、大半の研究者はそれが個人的な言及ではなく、ユダヤ起源のキリスト教の伝統を知る人文主義者としての一種の自己アピールだと考えている。実際、それ以外には彼がユダヤ人だという推測につながる記述はいっさいない。

とはいうものの、同じ文法書に「私はギリシャ語とヘブライ語を勉強し、あなたはピクニックに行った」という例文が掲載されているところを見ると、少なくとも少しはヘブライ語を勉強したにちがいない。だが、やはりそれ以上の手がかりはなく、若いころに学習し、その後あきらめたと推測するしかない。

十五世紀にはラツィオ州セルモネータに大きなユダヤ人共同体があり、バッシアーノにもユダヤ人の存在が記録されている。バッシアーノ出身のユダヤ人がマヌーツィオの家族から土地を購入したことは、前にも述べたとおりである。

いずれにしても、アルドの人文主義者の友人でヘブライ語に精通していた者がいたことは確かだ。そのひとりが、トレヴィーゾ県モッタ・ディ・リヴェンツァ出身のジローラモ・アレアンドロで、マヌーツィオはホメロスの『イーリアス』を彼に献呈している。「あなたはじつに――二十四歳にしてなお向上を図っている――人文主義の学問の両言語に精通しているばかりか、ヘブライ語も熟知している。そして今度はカルデア語とアラビア語の習得に励んでいる。（中略）さらに、あなたのギリシャ語の発音は軽快で、ヘブライ語を正しく堂々と話し、あたかもアテネとイスラエルの街で生まれ育ったかのようだ」。

出版分野では数々の記録を誇るヴェネツィアだが、初のヘブライ語出版のタイトルは保持していない。ヘブライ語の活字を用いた本は、一四七〇年にローマで誕生した。その二世紀以上前の文法学者で聖書学者、ダヴィド・キムヒの語彙集である。イタリアにおけるヘブライ語出版の発祥地はクレモナの小都市ソンチーノで、同名の出版一家はそこから名を取った。当時、イタリアでヘブライ語の本を出版していたのは彼らだけだった。一四八三年以降、ジョスエ・サロモーネは従兄弟のゲルショムとともに二十五冊の本を出版した。一四八八年には、ソンチーノ一家は母音記号付きの初のヘブライ語聖書を出版する。

だが、ゲルショムは生まれ故郷を離れ、印刷人として各地を渡り歩くようになる。その結果、ナポリからオルトーナ、リミニからとりわけフィーノまで、さまざまな場所で一流の出版人として名を轟かせる。最初の目的地はマルティネンゴ家が居住するブレッシャのバルコ宮殿で、その後、ヴェネツィア共和国へ向かい、そこで数年間を過ごした。だが、一四九八年にヴェネツィアに到着してからは、自身で出版を手がけることはせずに、アルド・マヌーツィオに協力する。まさにその年、アルドはヘブライ語に挑み、ヴェネツィアの出版界にヘブライ語の活字を導入した。アンジェロ・ポリツィアーノの『全集』で六語を印刷したのだ。

一四九九年七月、アルドはディオスコリデスの医学書を貴族のジローラモ・ドナに献呈し、次のように記している。「我々の印刷所では、このうえない熱意と絶え間ない努力により、ラテン語、ギリシャ語、ヘブライ語の作品を印刷するための活字が用意されている。その美しさに誰もが見とれるだろう」。それらの活字はわずか数カ月後に使われる。十二月に出版された『ポリフィルス狂恋夢』に、ラテン語とギリシャ語の注がついたヘブライ語の単語が登場する。さらに挿絵の門の上にアラビア語、ヘブライ語、ラテン語、ギリシャ語の碑文が刻まれていた。このときの文字は概して粗雑で、研究者たちは木版印刷の可能性を指摘しているが、献辞文には活字が用いられたと思われる。おそらくアルド自身が試し刷りを行なったのだろう。というのも、複数の『ポリフィルス』で、同じ碑文に異なる活字が使用されているからだ。一冊には東欧系ユダヤ人の綴りの影響が見られるが、二冊にはスペイン系ユダヤ人の四角い書体をモデルにした傾向が認められる。そして後者が、その後のヘブライ語出版で優勢となった。

ソンチーノ、ヴェネツィアを去る

注釈集『Introductio perbrevis ad Hebraicam linguam』は匿名で出版されたが、実際の著者はゲルショム・ソンチーノである。一五一〇年にファーノで彼の『Introduzione』が出版された際に、みずから明かしているからだ。かつて「ヘブライ語を知らない」人物に小品を託したことがあり、数えきれないほど間違いがあったが、現在は修正されていると述べた。

注釈集は八枚から成るが、マヌーツィオは加筆、訂正し、「きわめて役に立つ」ようにタイトルを一般化して一五〇三年に再出版する。アルドによると、目的は旧約聖書よりも理解を深めることだった。『Introduzione』はアルファベットから始まり、それぞれにラテン文字による音訳と、ヘブライ文字およびラテン文字による名前が付記されている。

やがてマヌーツィオは、各単語の上に音訳とラテン語の翻訳をつけたヘブライ語の原文をいくつか出版する。まずは詩篇51篇17節――シュモネ・エスレ（十八祈禱文）の導入部であり、カトリックの伝統では、これによって賛美歌を伴う祈禱が始まる。次は、ヘブライ語に翻訳され、音訳をつけた聖書の原文の形式による主の祈り。そして三番目は、聖体礼拝で朗読されるイザヤ書からの引用で、十字架上のイエスの祈りと、いくつかの固有名詞や場所の名前。最後の部分で、アルドは罪状書きの頭文字「ＩＮＲＩ」をヘブライ語、ギリシャ語、ラテン語で記した。ソンチーノが仄めかした誤植は、文字の反転などだった。

神の名前は一度も登場しない。そのことから、作者はユダヤ人で――ソンチーノ本人？――「むやみに神の名を出さない」ために機転を利かせたのではないかとも考えられる。詩篇22篇のヘブライ語原文を忠実になぞった十字架上のイエスの祈りも、ユダヤ人の存在をうかがわせる。

一五〇一年の半ばごろ、ゲルショム・ソンチーノはヴェネツィアを去った。理由は定かではないが、九年後に本人が書いた内容から考えて、マヌーツィオとの諍いが原因のひとつなのは間違いないだろう。アルドがヘブライ語の出版をあきらめたのは、あるいはソンチーノほど優秀な代役がいなかったせいかもしれない。その数年後、フランチェスコ・グリッフォがファーノのソンチーノのもとで働いていたということは、マヌーツィオは自身の口論の結果を深く考えていなかったと考えざるをえない。

アルドの死の翌年、ユダヤ教の歴史において重要なふたつの出来事が起きる。一五一六年、ヴェネツィア共和国はカンナレージョの鋳造所跡に「ユダヤ人の檻」を建設した。「ジェットー(getto)」――「鋳造する」の意味の〝gettare〟から――は、やわらかい子音を発音できない東欧系ユダヤ人の表現で「ゲットー」となる。

同じ一五一六年、キリスト教徒のフラマン人、ダニエル・ボンベルクがヴェネツィアでヘブライ語の出版を始める。一五二〇～二三年にかけて、彼は他に先駆けてバビロニア・タルムードを刊行した。全十二巻の文書は、十九世紀に至るまで、その後出版されるすべてのタルムードの基となる（現存のもので全巻が揃っているのは十四セットのみ）。一五四九年までに約二百三十点のヘブライ語書籍が出版され、離散民族のすべての共同体に広まった。初のバビロニア・タルムード以外にも、初のエルサレム・タルムード、初の律法学者による聖書が刊行される。アルドはヘブライ語出版の持つ可能性を見抜いていたものの、実行に移すことはできなかった。

一方で、同じくロッテルダムのエラスムス『格言集』の可能性も嗅ぎ取り、こちらは機会を逃さなかった。

第9章

ベンボ『アーゾロの談論』とエラスムス『格言集』

もし深い友情に頼ることができなければ、アルド・マヌーツィオが史上初の出版人になることはなかっただろう。少なくとも私たちの知る状況においては。とりわけ大きいのは、ピエトロ・ベンボとロッテルダムのエラスムスとの友情である。

ベンボについては、すでに述べたとおりだ。彼がマヌーツィオの印刷所で果たした役割は明らかになっているが、逆の影響に関しては依然として曖昧である。ベンボが一五〇一年にペトラルカの監修を行なっていた際に思いついたイタリア語の体系化において、アルドはどんな役割を担ったのか。だが、この疑問はこの先も謎に包まれたままだろう。

ベンボが着手した、この壮大な計画をマヌーツィオや彼らの友人のあいだで一度も話し合わなかったなどということはありうるのか。すなわち、イタリア半島の共通語となる新たな言語を統一することについて。話し合ったと──それもじゅうぶんに──考えるほうが理にかなっている。だとしたら、史上初の出版人はイタリア語の誕生においても何らかの役割を果たしたという仮説が成り立つ。だが、それがどんなものだったのかを示す資料は現時点では存在しない。

イタリア語

ペトラルカやダンテの編集作業のかたわら、未来の枢機卿(一五三九年三月に任命)は、自分たちの言葉を形式化することを思いついた。人文主義者がギリシャ語やラテン語の文法をまとめるのに用いたのと同じ方法で、古典文学から始め、フレーズをばらばらにしては組み立て直し、それぞれを比較するのだ。きわめて時間のかかる細かい作業だと、一五〇一年十二月二日付けの手紙で、ベンボは当時の愛人だった貴族のマリア・サヴォルニャンに報告している。「あなたの手紙で近況を尋ねられた際に説明したように、いくつかの表記法に法則を見つけました。今後、手紙は少し控えていただけませんか。もちろん順調なときは大歓迎です」。そして一五二五年、イタリア語の初の文法書『俗語読本』の出版によって彼の努力は実を結んだ。

同じ時期、十五世紀末から十六世紀初めにかけて、ピエトロ・ベンボは『アーゾロの談論』を執筆した。この愛についての対話集は、アルドによって出版された二冊目の著作でもある。小さくて几帳面な字で書かれた手稿が、ヴェネツィアのクエリーニ・スタンパーリア財団の図書館に保管されている。五十三枚(裏表で百六面)に及ぶ二十三×十五センチの紙には、本文よりも濃い色のインクで、そこかしこに訂正や取り消し線が書きこまれている。出版されたのは一五〇五年で、三人の男性と三人の女性が愛について語り合うという内容だ。具体的にどのエピソードかはわからないものの、自伝的な要素も多く含まれていたにちがいない。

研究者のあいだでは、最後のプラトニック・ラブに関するくだりは、人妻であるマリア・サヴォルニャンに対する苦悩に満ちた愛情に着想を得たと考えられている。その愛は報われたようだ。九月九日付けの手紙で、マリアはリード島へ向かう旨を記し、ベンボに対して合流方法を指示している。「私が帰ってきて、皆が寝静まったと思ったら、何度か様子を見にきて、明かりの場所を確かめてから、静かに入ってきてください」。つまり、ちっともプラトニックではなく、肉体関係もあったというわけだ。

すでに見たように、当時、ピエトロ・ベンボはフェッラーラでアルド版のダンテの監修に当たっていた。この人文主義者の貴族は編集作業と並行して、『アーゾロの談論』の最終部分を執筆していたばかりか、マリアに手紙を書く時間まで作っていたのだ。しかもマリアは、少なくともしばらくのあいだ、愛人と同時期にフェッラーラに滞在していた。

作品の舞台は、トレヴィーゾのアーゾロにあるカテリーナ・コルナーロの宮廷だ（タイトルの由来）。キプロス女王はヴェネツィア共和国のために退位し、それと引き換えに城と、丘陵地帯にある小都市の女領主の地位を与えられた。ベンボはカテリーナの愛人のひとりで、彼の著作のおかげで、アーゾロの宮廷生活が詳らかになった。

一五〇五年の初版で、ルクレツィア・ボルジアへの献辞がある版とない版が混在するのは、おそらくベンボの不義密通が理由だったにちがいない。アーゾロの宮廷に献呈されるものには献辞がなく、フェッラーラの宮廷用にのみ献辞が刷られていたことは想像に難くない。

ロッテルダムのエラスムス

我々が知っているアルドの人物像は、ほぼすべてエラスムスによって伝えられたものだ。それは義父アンドレア・トッレザーニの家族関係についても同様である。一五〇七年にヴェネツィアに来た際には、すでにこのフラマン人の哲学者は名の通った人物だった。そして一五〇九年にヴェネツィアを去るときには、誰もがその存在を知るところとなる——アルドのもとで確固たる知識人の地位を築いたのだ。

一五〇〇年にパリで出版した『格言集』を皮切りに、エラスムスは他の作品も発表して、アントワープでの名声が高まる。一五〇六年にはイタリアを訪れ、トリノ大学で神学博士号を取得したのちにローマへ向かい、ジャーノ・ラスカリスやマルコス・ムスロスのもとでギリシャ語を学び、マヌーツィオの友人である人文主義者たちとの交流を深めた。「教養という聖なる勤めに励む人々、とりわけ純粋ないにしえの知識を求める人々に称えられ、その復元のためにこの人物——アルド・マヌーツィオ・ロマーノ——は生まれたかのようだ」とエラスムスは称賛し、さらに付け加えている。「私はしばしば心の中で叫ぶ。〝がんばれ、アルド、あきらめるな〟」。

エラスムスは、エウリピデスのラテン語訳を不朽のものとするのは、アルドのこのうえなく美しい活字しかないとマヌーツィオに宛てて書いている。

博識なるマヌーツィオ、私は自分の中でしばしばこのように望んでいた。あなたの技と、驚くほど鮮明な活字だけでなく、才能と、非凡かつ利益を生み出す教養をもって、どちらの文学にも光が当たるようにと。（中略）あなたの傑出すると同時に愛すべき魅力を持つ名声は、これから先も忘れられることはないだろう。なぜなら（私から見れば）ふさわしい報酬を求めずに、大いなる献身によって優れた作家を復活させ、普及させることに尽力しているのだから。しかもヘラクレスのごとく、難行に屈することもない。それ自体はすばらしいことであり、いつの日かあなたに永遠の栄光をもたらすだろうが、いまのところあなた以外の者が手にしている。

自身の作品を成功に導くために出版を利用することにかけては、エラスムスを越える者はいなかった。アルドのもとで出版した数年後には、バーゼルのヨハン・フローベンを訪ねている。いずれにしても、彼は一五〇七年九月にヴェネツィアに到着し、その三カ月後には『ヘカベ』と『アウリスのイピゲネイア』のラテン語訳を出版した。マヌーツィオは序文で次のように記している。

翻訳ではあるものの、まったくもって忠実で文体も美しく、我が工房で印刷したのは、このうえなく博識な人物で親愛なる友人に頼まれたからだけでなく、皆さんがギリシャ語を理解し翻訳するために大いに役立つと考えたからである。（中略）かつては優れた本もなく、知識のある教師もおらず、実際、双方の言語に精通している者はきわめて稀だった。ところがいまは、ありがたいことに、優れた本も博識者も、イタリアのみならず国外にもあふれている。

その後、エラスムスは熱に浮かされたように『格言集』に取りかかる。初版に収録されたラテン語の格言は八百十八だったが、研究の対象はギリシャの作家にまで広がり、引用の数は三千二百六十にまで達した。言ってみれば古典の丸薬のようなものだった。一冊の本で、多種多様な古代の著述家のさまざまな言及を知ることができるのだ。「言うまでもなく、辛労辛苦と夜を徹した作業によって、数えきれないほどのラテン語やギリシャ語の著者から集めた多くの格言」とアルドは明示している。重い二折判にもかかわらず、この作品は十六世紀最大のベストセラーの仲間入りを果たす。合計六十六版のうち、九版はエラスムス自身が一五三六年にこの世を去るまでに見直して修正した。そして、おそらくそれ以外にも多くの海賊版が出回った。

無意味な作品だと批判する者に対しては、自身の「貴石」は、古代ギリシャ・ローマの文学、科学、哲学の全財産から選り抜いたものであると、エラスムスは反論している。そして、ジローラモ・アレアンドロをはじめ、アルドのサークルの若い人文主義者のように、エラスムスの味方につく者もいた。「ヴェネツィアには、将来の作品のために、一度しか出版されていない著者による混然とした材料を持ってきた。そして無謀にも、我々はふたつの冒険に乗り出した。私は執筆、アルドは印刷に。ようやく完成したのは九カ月後のことだった」とエラスムスは書き、二百部を購入して売り上げに貢献する用意があることも明らかにした。

みずから監修した最後の版では、ヴェネツィアで過ごした九カ月について記している。「イタリアにいるあいだ、オランダ人の私は格言に関する作品を出版した。向こうにいる博識者が皆、まだ出版されていない著者や、私に役立つだろうと考えた著者の作品を自発的に山ほど提供してくれた。アルドは貴重な書を一冊残らず見せてくれ、ヤヌス・ラスカリス、ジョヴァンニ・バッティスタ・エグナツィオ、マルコス・ムスロス、修道士ウルバーノも同じようにしてくれた。顔も名前も知らない者の協力もあったと聞く」。月日は流れて一五二五年、詩人のラザール・ドゥ・バイフがフランスのフランソワ一世によって駐ヴェネツィア大使に任命されると、エラスムスは彼に宛てて、赴任先は「このうえなく博識な人物と充実した図書室にあふれた」街であると書いた。

フラマン人の哲学者は毎日アルドの印刷所に通っては原稿を確認し、本文を修正し、植字工のそばの作業台で書いて、書き上げたものから一枚ずつ植字工に手渡し、耳を掻く暇もなく作業を見守った。当時は一日に作成できる組版は三枚程度だったため、本を完成させるには、九カ月間休みなく働く必要があった。

まさにエラスムスがこの作業に没頭していた一五〇八年八月、数学者ルカ・パチョーリがサン・バルトロメオ教会でかの有名な講義を行なった。パチョーリは五百名の前で神聖比例（黄金分割）について説明した。参加者は当時のヴェネツィアで社会的地位のある知識人ばかりだったが、そのうち九十五名はパチョーリ自身が姓名を書き残して後世に伝えている。そのリストにはアルド・マヌーツィオの名もあり、席にはアルド印刷所の関係者がおおぜい顔をそろえていた——アルドの協力者で、彼の死後は息子パオロの教師となるジョヴァンニ・バッティスタ・エグナツィオ。カンパーニャのノーラ出身で、一五〇七年にヴェネツィアに移住したアンブロージョ・レオーネ。彼は執筆者および医師としてアルド印刷所に関わり、エラスムスをして「類まれな哲学者」と言わしめたほどの人物だ。講義にはアルドの公証人、フランチェスコ・ダル・ポッツォも参加していた。

だが、エラスムスの姿はなかった。パチョーリが彼の名前を記録していないとすれば、理由はふたつ考えられる。実際にエラスムスが参加していなかったか、あるいは参加していたが、パチョーリが彼を知らなかったか。事実、前述のように当時のエラスムスは、それなりに知名度はあったものの、誰もが知るほどの存在ではなかった。したがって、フランシスコ会修道士でもあるパチョーリが相手を知らなかった可能性もある。あるいは、エラスムスは『格言集』の執筆に没頭するあまり、わずかな時間でもアルドの工房を離れたくなかったのかもしれない。たとえ友人のアルドが参加し、サン・バルトロメオ教会は印刷所からぶらぶら歩いて五分もかからないとしても（教会は現在も同じ場所にある）。

十六世紀初めのヴェネツィアにおける最も記念すべき文化イベントのひとつに、本当にエラスムスが欠席したのかどうかは知る由もないが、いずれにしても彼の名がないことは大きな意味を持つ――エラスムスの名声が広まったのは、ひとえに『格言集』の出版のおかげだった。マヌーツィオが序文に記したところによると、当時、彼は他の古典作品の編集作業を行なっていたが、いずれもエラスムスの「博識で、多種多様で、誠実な倫理にあふれ、古典作品そのものに匹敵する」貴重な作品を出版するためだった。さらに、次のように続けている。「彼がさまざまな著者のなかから――確固たる意志と苦労とともに――一心不乱に選んだ幅広い格言だけでなく、翻訳によって思慮深く修正し、豊かな知識に基づいて解説した双方の言語における著者の数多くの引用のおかげで、皆さんにとって非常に役立つものが完成した」。

格言のひとつ――正確には一〇〇一番目――で、エラスムスはアルドの教訓である「ゆっくり急げ」を取り上げ、友人に対する愛情深い弁明を試みている。「困難かつ堂々たる友人にふさわしい企画、神から与えられたとも言うべき文という財産の遺跡をよみがえらせること。彼は知力と労力をもって、最も奥深くから失われた宝を取り出し、消えた炎を灯し、傷に手当てを施し、朽ち果てたものにふたたび美しさを与えることに力を注ぐ。かつて図書室は狭い壁に囲まれていたが、アルドは境界を全世界に広げた図書室を作る」。さらにマヌーツィオは、「本の世界を侵攻する、役に立たないばかりか（中略）愚かで、無知で、有害で、恥さらしで、怒りに満ち、無信仰で、扇動的な本の世界にはびこる」判断力のない他の出版人と自身を差別化している。「彼らの間違いを指摘すれば、自分たちは家族を養っているのだと反論する」。

二〇〇一番目の格言、「ヘラクレスの功業」は読んで字の如しだ（ヘラクレスは彼自身）。「それゆえ破壊され、かびに覆われ、引き裂かれ、欠損し、ツトガやゴキブリにあちこちをかじられ、ほとんどの場合、読むのがきわめて困難な本で目を疲れさせることがある。要するに、しばらくこのような本に挑む者が、自身の、場合によっては他者の退廃や老化に遭遇する状態である」。だが、「我らがマルス」と呼ぶ友人については、「わずか一年半のうちに、書庫をひとつ用意してくれた。実際にはアルドの書庫だが、とても充実し、とりわけギリシャ語の良書がそろっている。そこから、ひっそりとした水源のごとく、すばらしい本が大地に広がる。それほど豊富な蔵書で、そのことは否定しないが、いずれにしてもひとつだ」と記し、最後にこう締めくくっている。「私はこんなにも小さな人間で、こんなにも膨大な作業に立ち向かわなければならなかった。しかも、ひとりで」。

再発見されたギリシャ文化がヨーロッパ社会に広く普及したおかげで、『格言集』はベストセラーとなる。エラスムスは古典の世界に向けて地平線を広げ、アルドがそれをヨーロッパに拡大させる役割を引き受けた。

トッレザーニ家

エラスムスは、アルドの工房やアンドレア・トッレザーニの家における日常生活を書き留めたメモ帳を何冊か残している。マヌーツィオはトッレザーニの娘と結婚し、その直後に彼の家に引っ越した。イタリアを離れてすぐに書いた『痴愚神礼讃』で、すでにエラスムスは、曖昧な結末をめぐる激しい議論において文法学者を支持する女神を描いている。おそらく現実にアルドの印刷所で同じような口論を目にしたにちがいない。「ひとりが小さな間違い、ちょっとした言い間違いをすると、もうひとりが目ざとく気づき、たちまち激しい言い争いとなって、侮辱や罵詈雑言が飛び交う」と、文法学者と博識者の狂気について書き、さらに付け加えている。「文法書の数は文法学者と同じくらい、むしろそれ以上に多い（我が友人アルド・マヌーツィオだけで五冊も出版している）」。

かなりあとになって、一五三一年にエラスムスは対話集『Opulentia sordida（吝嗇な富）』でヴェネツィア滞在時のことを記している。けちな大金持ちは、まさしくアンドレア・トッレザーニ、すなわち自分を歓待してくれた人物だが、描写には媚びた言葉は使われていない。エラスムスは、しばしば失礼な言葉をきかせた教養のある巧みな冗談を好むことで知られている。したがって、やや誇張して、皮肉っぽく強調しているのかもしれないが、すべてが作り話であるとは考えられず、アルド印刷所での生活は楽しいことばかりではなかったのは想像に難くない。一方で一五一七年、ジョヴァンニ・バッティスタ・エグナツィオは、エラスムスのメモ帳には、アンドレアが自身の個人的な利益を除いて、あらゆることに無関心だと書かれていると、少なくとも部分的に認め、学識の深さを示す書物の出版人としてはまったく無能だと付け加えている。

食事の描写は楽しい。エラスムスによると、トッレザーニは「誰も買わないような腐った小麦を買っていた」。明らかに食べられない代物で、パンの生地は粘土を三分の一混ぜて捏ねた。そうすれば「あまりカビ臭さを感じずに済んだ」。パンは自宅で作っていたが、せいぜい月に二回で、いつも石のように硬くなっていたため、細かくちぎってグラスに入れ、ワインに浸して食べていた。ワインというよりも、もはや酢に近い。「家には井戸があり、そこから桶で水を汲んで、ワインの壺に注いだ」。作業はそこで終わらない。なぜなら「新しいワインに見えるように何度となくかき混ぜる。（中略）そんなわけで、ワインが薄まれば薄まるほど彼は飲まなかった」。

そして、このとてもおいしいとは言えない液体を少なからずの者が飲むはめになった。「妻、息子たち、娘、婿、職人たちや召使など、およそ三十三人分の食事を作っていた」。だが、主人のテーブルに座っていたのは、いつも八、九人だった。ちなみに、三十名近くの従業員がいたということは、印刷所では七、八台の印刷機が稼働していたことになる。

時間はまちまちだ——朝食はとらず、正午の昼食はいつも一時ごろになり、夕食は遅い時間まで食べられなかった。家長を待つ決まりがあったが、いつまでたっても現われなかったのだ。「彼は家にいたためしがない。どんなことでも商売に結びつける。（中略）稼ぐこと以外に楽しみはなかった」。片足の不自由な召使がテーブルクロスを広げ——「幻の夕食」——それからテーブルに水差しを置き、さんざん大騒ぎしたあとに「滓《かす》の飲み物」が登場するが、それに浸してやわらかくするパンが出てくるまで、誰も手をつけようとしない。

そこにトッレザーニがやってきて席につく。「最初に、彼の前に空豆の粉を焼いたものが置かれる。その地域では通常、貧乏人向けに売られているものだ。彼に言わせると、あらゆる病気の予防に役立つそうだ」。

メイン料理は？　アンドレアは「とりわけ汚水溜めでちっぽけな貝のようなものを集める船乗

り」から食べ物を買う。おそらくアサリだと思われる。まさに一五〇〇年に発表されたヤコポ・デ・バルバリのヴェネツィアの風景画に、サン・ジョルジョ・マッジョーレ島の後方の浅瀬で屈みこむ人々が描かれている。ヨーロッパアサリを集める「アサリ漁師」だ。このアサリ採りは、機械化されたものの現在まで続いている。エラスムスによると、トッレザーニはそれをデザートの代わりに「チーズのあとに食べていた」。

あるいは「少量の熱湯で卵を溶き、そのソースを肉にかける。そうすることで見た目を誤魔化す。というのも鼻の曲がるようなにおいが充満しているからだ。ときどき、魚を食べる必要がある日には、ヨーロッパヘダイが三匹運ばれてくる。ちっとも大きくないのに、それを七、八人で分けて食べるのだ」。

まだある。「金を使いすぎないように、小さな雛鶏を買っていた。あまりにも小さくて、食いしん坊のポーランド人の朝食にも足りないくらいだ。ひとたび買うと、けちって餌を与えなかった。そうしてがりがりに痩せて、ほとんど死にかけた鶏の手羽と腿を片方ずつ料理する。レバーは子どもに与えた。（中略）スープは一度目と二度目にそれぞれ水を加えて煮こみ、女性たちが飲んだ。私のところに運ばれてきた腿は軽石より硬く、腐った木より味気ない。スープは水と変わらなかった」。

エラスムスはどうにか対処しようとする。「友人に頼み、私の金で毎日卵を三つ買ってきてもらった。ふたつは昼食用に、ひとつは夕食用に。ところが女たちは、私が高い金を払った新鮮な卵を腐りかけたものと取り替えてしまう。だから三つのうち、ひとつでも食べられるものがあれば万々歳だ。私はとうとうポケットマネーでましなワインを買ったが、部屋の鍵が壊れていたため、女どもが数日で飲み干してしまった」。

フラマン人の哲学者の考えは、我々には奇妙に思えるものもある。「ドイツ人は朝食に一時間以上かける。間食も同様で、昼食には一時間半、夕食には二時間。おいしいワイン、すばらしい肉と魚に満足しなければ、主人を見捨てて戦いに出かけていく。（中略）イタリア人は食欲に金をかけず、ごちそうよりも金を好む。それは主義ではなく、生まれつき質素なのだ」。質素でけちなイタリア人、大食いで食通のドイツ人――五百年前の固定観念は、現代とはまったく異なる。

トッレザーニ家の暖房事情も主人の倹約と足並みをそろえていた。「小さな島で、誰も目に留めないようなナギイカダの根を残らず引っこ抜いてくる。しかも夜のうちに。まだじゅうぶんに乾いておらず、煙は出るも炎は上がらず、もちろん部屋を暖めることはできず、ただ存在しているだけで、誰も文句を言うこともできなかった。たったひと束で一日分、ひたすらくすぶりつづけているだけだった」。

とはいうものの、食卓での不満や、煤だらけで凍える冬の日々にもかかわらず、エラスムスとアルドの後継者の手紙のやりとりは一五二八年、すなわちアンドレア・トッレザーニが死去する前年まで続いた。再版も続く。一五二〇年、アンドレアの息子、フランチェスコ・トッレザーニは『格言集』を出版する。もっとも、これは一五一五年にスイスのフローベンの印刷所で出版された、新たな格言や解釈が加筆された本の海賊版だった。

トッレザーニはバーゼルの同業者に対して批判をあらわにする。この作品は「著者からまだ完成していないものが奪われたかのような、不完全な」まま出された。それがようやく、アルド印刷所の熟練した技術により「最初の言葉から最後の言葉まで、完璧で洗練された」作品に仕上がった。ジャン・フランチェスコは、他の版は活字が不適切で、「読めないばかりか、どうやっても理解できないほど」間違いだらけだと毒を吐く。しかしエラスムスはジャン・フランチェスコ・トッレザーニに対して、よければ何冊か著作を送る、フローベンを選んだのは単に便利だったからで、マヌーツィオの後継者を評価していないわけではないと言って取り繕い、美しい本があるのは「ほかならぬあなたの印刷所のおかげ」だと主張して機嫌を取ろうとした。

実際、アルド印刷所の書籍は評価が高く、偽造とまではいかなくても、次の章で述べるように模倣しようと考える者もいた。

第10章

敵と志願者

成功のひとつの尺度は、過去においても、一部では現在でも、模倣である。複製されるということは、自分が成功したことの証だ。アルドの出版物が、偽造ではないにしても、すぐにそこかしこで真似されたのも偶然ではない。

アンジェロ・ポリツィアーノの『全集』が出版されると、早くも一年後の一四九九年には、ブレッシャで出版人ベルナルディーノ・ミシンタが海賊版を出した。出版場所はフィレンツェ、出版人は〝レオナルド・ディ・アリージ・ダ・ジェソリアコ〟となっている。〝ジェソリアコ〟がドーバー海峡に面した港町、ブローニュ＝シュル＝メールのラテン名で、ポリツィアーノの（本物の）作品が多数出版されたボローニャも同じ派生語に由来することを考えると、なかなかの妙案である。マヌーツィオは快く思わず、一五〇二年十月十七日、ヴェネツィア政府に嘆願書を提出して抗議する。「フィレンツェと偽って、二作品のひとつがブレッシャで出されたことは、著者の労力も骨折りも水の泡となる」。

だが、リヨンで荒れ狂いつつある嵐に比べれば些細なことだった。フランスでは、アルドの文庫本の完全な模倣産業が生まれたのだ。出版後、一年もしないうちにウェルギリウスが模倣された。この街が選ばれたのは偶然ではなかった。北ヨーロッパと南ヨーロッパ、フランスとドイツの世界の交差路であるリヨンには、アルドの出版独占権を行使しようとしても、ヴェネツィアの司法の手は届かなかった。海賊版もたちまち売り切れ、何度となく再版される。しかも原本よりも速やかに。

リヨンの出版人は、アルザスの印刷所に委託して五十九点もの海賊版を販売し、「瓜二つの」割り付けと活字によって、正規版の市場を大きく奪った。マヌーツィオが被った売り上げとイメージに対する損害は、かなりのものだったにちがいない。

海賊版の購入者が、本の内容に興味があったのか、それとも単に小型本が目新しかっただけなのかはわからない。イタリック体や八折判を保護していた一五〇一年の出版独占権は、効力が及ばなかった。実際、前述の嘆願書でアルドはこうも書いている。「それらは文字が模倣されてリヨンで出され（中略）数えきれないほどの誤りがある」。海賊版制作の中心となったのは、アスティ出身の出版人、バルダッサーレ・ガビアーノだった。彼の叔父ジョヴァンニ・バルトロメオはヴェネツィアに暮らし、リアルト橋のたもとで書店を営んでいた。その叔父が、出版されたばかりのアルドの本を甥に提供していた可能性は大いにある。そして一ページずつ再編集し、フランチェスコ・グリッフォの活字を真似て作ったイタリック体で印刷したのだろう。海賊版は匿名で出版され、商標もなかったが、一五一〇年に赤い百合のマークが現われる。これはイタリア人の書店主、バルトロメオ・トロッティと会社を立ち上げたことに起因すると思われる。

一五〇二年には、ジョルジョ・インテリアーノの『Vita de Zychi』がゴシック体の活字で再版され、印刷者はアルドの序文にもひるむことなく、深く考えずにそのままそっくり複製した。だが、海賊版を手に入れるためにフランスまで行く必要はなかった。〈ジュンタ〉社も堂々とアルドの海賊版を手がけたのだ。向こう見ずな素人集団ではない。当時、最も大きな影響力を持っていた出版社、フィレンツェとヴェネツィアを本拠地として国外にも支店を持つ、正真正銘の多国籍企業だ。ルカントニオ・ジュンタは一四七七年、兄弟のフィリッポがトスカーナで出版する作品を売り出すためにヴェネツィアに来た。

アルドが最初に文庫本を出した際に、ルカントニオはすでにガビアーノが試していた仕組みを再現した――フィリッポに報告して作品を送り、フィリッポはフィレンツェでアルドのイタリック体を模倣して、ギリシャ語やラテン語の古典を印刷する。その間、リヨンにいる同僚は俗語の版を制作し、ペトラルカの八折判を複製したというわけだ。

だが、これは完全な海賊版というよりも模倣版であり、印刷されたモデルを基に、本来とは異なる姿で木の板に彫られたオウィディウスの木版画の商標と同じだ。

この〈ジュンタ〉による型破りな行為は、それまでイタリアの二大出版社によって保たれてきた平和を破壊したとも言える。両者は相手の領域に踏みこまないように市場を分割していた。一五一三年にレオ十世が教皇に選出されると、事態は混乱した。フィレンツェのメディチ家の出であるにもかかわらず（本名はジョヴァンニ・デ・メディチ）、〈ジュンタ〉の出版物をマヌーツィオのものに差し替えて、同郷の出版社を教皇領から追い出すことを提案したのだ。

この仮説が正しいかどうかはわからないが、〈ジュンタ〉はアルドの本を模倣するために、メディチ家の教皇の選出を望んでいなかったのではないか。一五〇六年八月に、フィリッポはカトゥルス、ティブッルス、プロペルティウスの詩を収めた八折判を出版したが、これはまさに一五〇二年のアルドの再版だった。イタリック体もページのレイアウトもそっくり真似ていたが、良心の呵責を感じたのか、献辞だけは新しかった。

アルドの複製本は後を絶たず、『アーゾロの談論』まで登場する。フィリッポ・ジュンタは加筆やページ順の入れ替えを行ない、リヨンの粗悪な海賊版よりも洗練させた。一五〇七年に裁判で不正が認められたあとも、彼はイタリック体で出版を続けるが、アルドの手がけたタイトルは巧妙に避けた。

一五一四年七月には、〈ジュンタ〉はフィレンツェのメディチ家出身の教皇を利用して、それまで不利だった状況を覆そうとする。アルドのラテン語とギリシャ語のイタリック体を保護するために教皇が認可した包括的な独占権に対して、ラテン語のイタリック体を最初に使用したのは自分たちだと主張して異を唱えたのだ。教皇は双方を満足させることで調停をはかろうとしたようだ。だが、ヴァチカンのフィレンツェ大使、フランチェスコ・ヴェットーリの介入が明暗を分けた。彼は失望と困惑を隠さず、出版物のサンプルの提出を求めたが、やがて外交問題にまで発展し、〈ジュンタ〉は望んでいたものを手に入れることができなかった。

いずれにしても、アルドは〈ジュンタ〉をヴェネツィア共和国上院に訴え、フィレンツェの出版社がリヨンに所有している印刷所で出版された本の仮面を剝ぐ方法も提案する――紙のにおいを嗅ぐ。フランスで使われている紙は悪臭を放つが、ヴェネツィアの印刷所で用いられているものは「上質で、白くて、丈夫で、余白に書き込みができるように丁合されている」。リヨンで作られた海賊版は、概してアルドの正規版よりも質が劣っていたが、なかには例外もある。一五〇八年のペトラルカ、ダンテ、カエサルに関しては、ヴェネツィアで出版されたオリジナルよりも評価が高かった。

マヌーツィオの嘆願により、ヴェネツィア政府は独占権が依然として有効であることを認めたが、リヨンのガビアーノの海賊版やフィレンツェの〈ジュンタ〉の精巧な複製版に市場を奪われることは阻止できなかった。そしてアルドの死後、トスカーナの出版社は反撃に出る。一五一六年十月、フィリッポの息子のベルナルド・ジュンタは、十人委員会に対して、〝夜間行政官〟（犯罪を取り締まる司法府の組織。夜間に街の見回りを行なったことから。）がアルドの権利侵害で父親に出した追放令の取り消しを訴えた。とはいうものの、アルドの死とともに特許権は消滅していた。

広い目で見て、模倣ではなくインスピレーションを得たと考えれば、パガニーノとアレッサンドロ・パガニーニの親子の例をあげておくべきだろう。ブレッシャのトスコラーノ・マデルノで製紙業を営むふたりは、ガビアーノの親戚でもあり、通常より小さな二十四折判の本を制作して、縦十センチほどの超小型本シリーズとして、ベンボ、ボッカッチョ、ダンテ、ペトラルカを出版している。ローマン体とイタリック体の混ざった活字を制作したのは、このアレッサンドロだった。パガニーニ親子はアルドの真似をして宮廷人、貴族や貴婦人など、ペトラルカ風の作詩法の流行に敏感な層に近づき、彼らの超小型本は大きな成功を収める。パガニーニ親子は出版人として名を馳せ、ルカ・パチョーリの数学書を三冊出版し、一五三八年には、大胆にも史上初となるアラビア語のコーランの出版に挑む。その壮大な冒険は——六百以上の文字と記号の活字を彫る必要があった——残念ながら失敗に終わり、彼らは倒産に追いこまれた。

海賊版に話を戻すと、マヌーツィオは対策として、一五〇三年三月に直接読者に向けて警告を促そうと考え、『Monitum in Lugdunenses typographos』で偽物の見分け方を説明する——日付が記載されていない、紙の品質が悪く、ときに臭い、子音と母音の合字がない（唯一現存する『Monitum』はパリの国立図書館に保管されている）。だが、その試みはかえって仇となった。恥知らずのリヨン人たちは、こともあろうにアルドの指示を利用して間違いを修正したのだ。さらに厚かましいことに弁明までしている。曰く、「非公式の再版」は、他社から出た高価すぎるきわめて重要な本を普及させ、広く知ってもらうのに役立つと。

リヨン人は海賊版を作るだけにとどまらず、先回りまでする。マヌーツィオが出版していないテレンティウスの複製まで出したのだ。正確には、アルドがまだ出版していないと言うべきだろう。出版の意図はあり、彼の死後、一五一七年にアンドレア・トッレザーニの息子ジャン・フランチェスコの署名入りの序文とともに発行される（だが、実際の執筆者はアンドレア・ナヴァジェーロだというのが定説）。ある意味で、海賊版の制作者はその行動を予想できるほど、アルドの方針に精通していたとも言える。

リヨンの海賊版については、正反対のことがわかっている。彼らの活動が一時的だったことから、それほど成功しなかったとも推測できる一方で、羊皮紙に印刷されたものが二十冊ほど現存している事実は、その逆を示している。つまり彼らのビジネスは順風満帆で、上流階級の購買意欲もかき立てるほどだった。この点も、マヌーツィオの活動にまつわる謎のひとつである。

ミラノの競合者

ここで、前にも触れたブリジゲッラのガブリエーレ・ブラッチョについて述べておこう。このロマーニャ人は、アルドがヴェネツィアに来た当初の貴重な協力者だったにちがいない。そうでなければ、一四九七年にアリストテレス全集の第二巻の序文で感謝の意を示している理由を説明できない。

だが、その後、何かが起きて——詳しいことは不明——ふたりは袂を分かち、ブラッチョはスロヴェニアのコペル出身のバルトロメオ・ペルージオ、カルピのジョヴァンニ・ビッソーロとベネデット・ドルチベッリ・デル・マンゾとともに印刷所を立ち上あげる。四人は「このうえなく美しい新たな発明品」によってギリシャ語とラテン語の作品を出版することを決め、「ギリシャ語の四作品」——ファラリス、アポロニウス、ブルートゥスの文学とイソップの寓話集——の出版独占権を申請し、一四九八年三月七日に十人委員会に認められた。これらは間違いなくアルドのギリシャ文字の活字で印刷され、きわめて美しい大文字と広い行間で文章が読みやすくなっている箇所もある（現代の基準には遠く及ばないが）。ブラッチョの序文は、いっさいアルドの名を出さず、単なるその理念の受け売りに過ぎなかった。

だが、やがてこの印刷所の活動は中断され、四人は解散する。理由はわからないが、容易に想像はつく――ギリシャ語活字の保護に関するマヌーツィオの法的措置だ。出版独占権で認められた保護権以外にも、アルドがヴェネツィア貴族との幅広い交友関係を持ち出した可能性もある。したがって、彼に盾突く者はめったにいなかったにちがいない。アルドには誰にも抗えない切札があった。

この時点で、ドルチベッリとビッソーロはミラノへ移り、そこでデメトリオ・カルコンディラと共同でスーダの用語集を出版する。刊行日は、スフォルツァ家の支配するミラノ公国がフランスとヴェネツィアに分割された直後の一四九九年十一月十五日。五百十六枚にも及ぶ二折判は、それまで出版されたギリシャ語書籍のなかで最も大きな一冊だった。だが、あいにくはかばかしい成果は得られず、すでに述べたように、ドルチベッリは故郷のカプリに戻り、最初は街で、次にノーヴィ城で新たな印刷所を開設する。

ストーカー

アルド・マヌーツィオは、とりわけ晩年において、ヨーロッパじゅうに名の知られた人気の出版人となった。彼が目下どんな本を制作しているのか、情報を得るために、多くの人が手紙で問い合わせたり、ヴェネツィアに滞在中は印刷所を訪ねたりした。おまけに、少なからぬ作家がエラスムスの例に倣い、錨とイルカの商標の入った本を出版して知名度を上げようとした。だが、こんにちでも見られるように、そうした作家志望は多かれ少なかれ自分が傑作を書いたと思いこみ、単なる厄介者となるケースもある。憤慨したアルドは、そうした輩を思いとどまらせるために、工房のドアに張り紙を掲示するに至った。そして、そのことについて、一五一四年に出版した『Rhetoricorum ad Herennium』の献呈状でアンドレア・ナヴァジェーロに宛てて大げさに書いている（この作品は当時、キケロのものだとされていた）。

六百のうち、ふたつの障害に作業を中断されています。まずは博識者からしょっちゅう送られてくる手紙。あらゆる場所から届き、返事を書こうと思ったら昼も夜も潰れてしまいます。我々を訪ねてくる人々は、なかには挨拶をしたり、何か新しいものがないか確かめたりする人もいますが、最も多いのは後者です。何もすることがないからでしょう。だから「マヌーツィオのところへ行こう」と言うのです。そんなわけで続々と押しかけてきて、口を開きっぱなしで座りこみます。あたかも、じゅうぶんに血を吸わないと皮膚から離れないヒルのように。

これは単なる野次馬だが、さらに厄介なのは作家志望の連中だ。

詩やいくつかの散文を朗読するために来る人たちはどうすることもできません。おおむね粗野で無作法な奴らです。推敲の作業に必要な労力や時間に耐えられないのに、我々の商標で出版したがるからです。「すぐさま削除の長い日々に入り、それが終われば、細部をひとつ残らず磨き上げるまで十回は推敲を重ねる」工程を経ていない創作は卑しむべきものであることに気づきません。

それゆえアルドは対抗措置を取る。

こうした厄介な妨害者から、ついに自分を守ることにしました。手紙に対しては、それほど興味のない内容なら、いっさい返事を書かないか――興味のある場合は――なるべく簡素に答えます。そうするのは傲慢からでも軽蔑からでもなく、そのためにかける時間をすべて、すばらしい本の出版に捧げられるからです。それゆえ、誰も根に持ったり誤解したりしないよう求める次第です。（中略）工房の扉に「誰であろうと、アルドは疑問を簡潔にまとめ、なるべく早く立ち去ることを求める」と書かれた張り紙を貼りました。

同時代の出版人はほぼすべて、この張り紙を共有したかったにちがいない。

だが、アルドの出版活動は終盤に差しかかり、後継者にバトンが渡されようとしていた。

第11章
マヌーツィオの死と後継者

史上初の出版人は一五一五年二月六日にこの世を去る。「この家の主、アルド・マヌーティオが死去して今朝で二日目となる。ローマ近郊に生まれ、最高の人文主義者にしてギリシャ研究者。アンドレア・ダーゾロの義理の息子。出版人として、きわめて正確なラテン語およびギリシャ語の作品を数多く印刷し（中略）、類まれな文法書を作成し、長い闘病の末に永眠する」と二月八日に記したのは、つねに忠実なる年代記作家マリン・サヌードだ。

その一カ月前、マヌーツィオは最後の本となるルクレティウスの『事物の本性について』を出版し、この八折判をアルベルト・ピオに献呈する。それは教師としてのアルドの、いわば集大成だった――教え子はすでに自身で善悪を区別できるほど薫陶を受けている。「だから、あなたにはルクレティウスがふさわしい。古代の良識において最も偉大な詩人かつ哲学者でありながら、偽善にも満ちていて（中略）快楽主義の信奉者でもある。それゆえ読むべきではないと考える者もいるが（中略）私には、むしろルクレティウスや同様の思索家は、たとえ実際には偽りや虚言に満ちた作家であるにしても、読むべきものに思える」。

　そして、領主に向かってはっきりと告げる。「あなたを動揺させ、長いあいだ神聖な文学の勉強を断念させ、幼少期から夢中だった芸術作品を称えるために、たえず渇望してきた静寂と自由な時間を奪い取る悲惨な戦争を終結に導きなさい」。序文では、何カ月も病に伏していたため本文を修正できなかったと釈明し、編纂者を称えている。「今日、我々の印刷所から通常よりもはるかに正確なルクレティウスが出版されるに当たり、誰よりも友人のアンドレア・ナヴァジェーロに感謝する必要がある。みずからの仕事と我々の緊急の要件で慌ただしいなか、入念に見直してくれた」。

　かろうじてわかっているかぎりでは、アルドは病気にかかり、最期の瞬間は思いのほか早く訪れた。本人は「ここ何か月か不安定な健康にひどく苦しんでいる」と訴えていた。

　棺台はサン・パテルニアン教会に置かれた。この教会は、世界で唯一だった五角形の鐘楼とともに一八七四年に取り壊され、現在は存在しない。教会と鐘楼が建てられたのは十世紀だったが、代わりにヴェネツィア貯蓄銀行本店が建てられ、一九七二年に再建された――現在、右側の外壁には、その場所にかつてアルド・マヌーツィオの印刷所があったことを示す碑板が掲げられている。サン・パテルニアン広場はマニン広場に名が変わり、その中央には、一八四八～四九年にかけてオーストリアに対する反乱を主導したダニエーレ・マニンの銅像がそびえている。

　アルドの棺の周囲には彼の出版物が並べられ、葬儀の祈禱はラファエーレ・レージョによって執り行なわれた。ベルガマスコ出身でパドヴァ大学教授の人文主義者は当時、おそらく八十歳を超える高齢だった。マッテオ・バンデッロは次のように記している。「かつてないほどの称賛を集め、何世紀も生きるにふさわしい、このうえなく博識なアルド・マヌーツィオ殿が亡くなった。その手法によって出版された本は、マンニャでも、フランスでも、イタリア国内でも、すぐには手に入らないだろう」（〝マンニャ〟というのは、アレマンニャ、つまりドイツを指すと思われる）。

死まで一カ月を切った一月十六日に公証人ニコロ・モラヴィオが起草した最後の遺言書には、〝魂のための〟遺贈、すなわち慈善団体への寄付はいっさい記されておらず、違和感を覚えざるをえない。というのも、ある程度の額を遺すことが当時の慣習だったからだ。だが、けっして忘れたわけではないようだ。寄付の手はずを整えるかどうか、公証人に尋ねられたところ、「これ以上、手続きは必要ない」と答えている。

さらにアルドは、ジュリオ・カンパニョーラという彫刻師によるイタリックの活字を新たに入手することを望んだが――グリッフォがアルド印刷所を去って以来、ずっと同じ型の活字を使いつづけていた――その望みが叶うことはなかった。最後にマヌーツィオはカルピに埋葬してほしいと要望し、サヌードもそのことに言及している。「代々のカルピ領主の教師で、ピオの邸宅の主人として、自身の遺体をカルピに運んで埋葬し、妻と息子たちはその地に住み、領主より財産を受け取るよう命じた」。アルドは遺言執行人にアルベルトとリオネッロ・ピオを指名し、娘たちには結婚か修道院に入るかを自由に選ばせ、何ひとつ強制することはなかった。夫となる相手も、財産ではなく人柄で選ぶよう言い遺す。この点についても特異だと言える。娘に選択の自由を与えることはもちろん、政略結婚ではなく恋愛結婚を勧めることも、当時はまったく一般的ではなかった。

アルドの墓は見つかっておらず、手がかりもほとんどない。サヌードは、友人の死去についての記述を次のように締めくくっている。「遺体はある場所に置かれ、やがて見えなくなった」。だが、実際に遺体の見送りが行なわれたのかどうかは定かではない。当時はまだカンブレー同盟戦争の真っ最中で、時勢が落ち着くまで待つことになったとしてもおかしくないからだ。サン・パテルニアン教会が取り壊された結果、ヴェネツィアの埋葬に関する記録は失われ、唯一の手がかりは、一八八〇年に発行されたある出版物で、解体された教会の歴史について短く触れられている箇所だ。「そこはかの有名なアルド・マヌーツィオ氏も埋葬されたと言われている」。

カルピに関しては、まさに一五一五年に、ピオ家の希望により、街の主要な教会はすべて大がかりな修復が実施されたことが明らかになった。おまけに、大きな反響を呼んだにちがいない出来事――当代きっての出版人の埋葬――について、カルピの年代記ではいっさい取り上げられていない。一八七七年に調査が行なわれたものの、成果は得られなかった。カルピのサン・フランチェスコ教会には、円形建物に設えられた柱廊の下に数多くの墓があったが、すべて破壊されてしまった。アルドは昔からフランシスコ会との結びつきが強く、その場所は実質的に墓地だった。さらにアルベルト・ピオは、その小さな寺院に関心を示していた――だが、その理由は不明だ。教会は一六八一年に改修され、回廊と円形建物はナポレオンによる度重なる攻撃ののちに取り壊された。

確かな答えはない。この件については、さまざまな記述が見られる一方で、現在もなお研究が続けられており、今後さらなる手がかりが得られるかもしれない。

パオロ・マヌーツィオの時代

父親が亡くなったとき、将来の印刷所の後継者となるパオロは、かろうじて三歳になったばかりだった。兄のマヌーツィオは九歳、アントニオは四歳。未亡人と息子たちはアーゾラに移り、家族用の家で一五二三年まで暮らす。アルド印刷所は、義理の父であるアンドレア・トッレザーニと、その息子ジャン・フランチェスコによって運営された。アンドレアは自身の知識の限界を自覚しており、アルドの代わりは務まらないとわかっていた。一方のジャン・フランチェスコは、詐欺賭博で四年間の追放の刑に処せられた無法者の兄弟、フェデリーコと違って人文主義者だった。

アンドレアとジャン・フランチェスコは協力し、第一弾として、マルコス・ムスロスが監修したアルドのギリシャ語の文法書を著者の死後に出版した。ふたりは塔のマークを捨て去ってまでアルドの遺志を継ぎ、錨とイルカの商標が入った本を出版しつづけた。

一五一八年の新約聖書の序文では、アンドレアは非難めいた口調を隠そうとせず、エラスムスに対して、アルドがどれだけ彼のために尽力したか、その見返りがバーゼルの別の出版人のもとへ行くこととかと嘆いた。「それは、あのきわめて学識のある人物が、あなたに対して感じていた親しみや大きな愛情ゆえではなく、あなたの勤勉さ、学問、文化、徳ゆえの行為だった。いつの日か、あなたがドイツだけでなく、ふたたびイタリアの栄誉となり、キリスト教以外の宗教にも光彩を添えるとわかっていたからだ」。

パオロ・マヌーツィオはときおりヴェネツィアを訪れ、一五二四年、十二歳のときに正式に戻ると、祖父アンドレア・トッレザーニの家で暮らすようになった。当初は、出版活動にはそれほど関心を示した様子はなく、一五二九年にトッレザーニが死去した際には、若きマヌーツィオはヴェネツィア共和国の書記局に応募するが、父親がヴェネツィア出身ではないという理由で不採用となった。

だが、家長の死は印刷所の存続という重要な問題をもたらした。パオロ・マヌーツィオが考えを改めたのは、そのこともあったのかもしれない。いずれにしても、彼は家業の印刷所の未来のために立ち上がり、親族とともに運営に乗り出した。そして「アルド・ロマーノの後継者と義理の父アンドレア・ダーゾラの家にて」という但し書きをやめ、一五三三年、パオロと従兄弟のジャン・フランチェスコ・トッレザーニで事業を再開する。その年は七冊を出版したが、長続きはしなかった。しばらくばらつきが見られたあと、一五三七〜三九年の三年間は年に一冊にとどまり、ふたりが争っているのは明らかだった。

彼らは一五四〇年に決別し、パオロが単独で始めた印刷所は一五六一年まで続き、紛れもない成功を収めた。とりわけラテン語の古典文学を出版し、なかでもキケロの名は五十一回も登場した。神聖ローマ皇帝マクシミリアン二世に認められたことは意義深く、皇帝は帝国の象徴である鷲を四分割して家紋に入れることを許可した。最初の数年間は、パオロの兄弟たちも協力する。だが、アントニオは一五三三年、ヴェネツィアで遺体が発見されたアーゾラの役人の殺害事件に関与した罪で追放される。共犯者はトッレザーニ家と縁続きのアーゾラの家族の息子で、そのことからいかに血縁関係が複雑だったかがわかる。したがって、その後アントニオが家業に携わることはなく、最初はマヌーツィオとパオロ、やがてパオロひとりによって印刷所が営まれた。

二十八年間でパオロが手がけた出版物は三百四十六点、前述の三年間で三冊だったどん底の時期を経て盛り返し、一五四六年には二十七冊、一五五四年には二十三冊とピークを迎える。年間十二冊という平均刊行数は、十六世紀に活況を呈したヴェネツィアの出版界においてもアルド印刷所がひときわ勢いのあったことを示している。これはジョーリト・デ・フェッラーリに次ぐ数字で、〈ジュンタ〉やフランチェスコ・マルコリーニと同レベルだった。初版や再版も含め、膨大な数の出版物は編集作業も手を抜かず、内容的にも技術的にも文句なしの出来栄えだった。出版目録を見ると、売れ残りはきわめて少なく、印刷所の運営が軌道に乗っていたことがわかる。

パオロ・マヌーツィオが出版した本の大部分は文学だった。全百八十冊はラテン語の古典が多数を占めているものの、パオロの関心は幅広く、レオーネ・エブレーオ（イェフダ・アブラバネル）の『愛の対話』から、ニッコロ・マキャヴェッリまで含まれていた。とりわけマキャヴェッリは、一五五九年の「禁書目録」に掲載されるまでに二度出版されている。バルダッサーレ・カスティリオーネの『宮廷人』は、一五三三〜四七年のあいだに四度出版され、このアルド印刷所の版によって、十六世紀に最も売れた本となり、出版史上初のベストセラーが誕生した。

書簡集も五十四冊ある。これは十六世紀に広く普及したジャンルで、美しい手紙を書けることは教養人に欠かせない心得だと考えられていたため、根強い人気を誇っていた。パオロは自身の書簡集も出版しており、十六世紀には前例のない、いわばセルフ・プロモーションを行なった。現在、パオロや彼の出版活動について詳細が明らかなのは、こうして出版され、後世に伝えられた手紙のおかげである。だが、書簡集と言えばキケロを凌ぐ作家はいないだろう。『縁者・友人宛書簡集』は、一五三三〜六一年のあいだに安定した人気を誇っていた作品で、ラテン語版や、俗語に翻訳された版も含め、十九回も出版された。

一五四六年、パオロ・マヌーツィオはカテリーナ・オドーニと結婚し、一年後、アルド・イル・ジョーヴァネ（アルド・ジュニア）が生まれると、一家はサン・パテルニアンからジュデッカ島へ移り住んだ。長年のあいだに、パオロはさまざまな依頼を受ける。なかには、未来のパルマ公およびピアチェンツァ公、カストロ公であるアレッサンドロ・ファルネーゼや、一五六四年には、のちにフランソワ二世となるフランス皇太子の家庭教師という名誉ある申し出もあった。ミラノ大学やパドヴァ大学からも声をかけられ、母校のボローニャ大学からは、印刷所のボローニャへの移転を持ちかけられた。

一方で危険なオファーもあった。一五五六年、プファルツ選帝侯オットー・ハインリヒが、教会の新たな歴史を書くためにドイツに移住するよう提案する。カトリックの人文主義者を象徴する出版界の大物をプロテスタントの地に呼び寄せることは、これ以上ないプロパガンダとなりうる。だが、パオロはすぐさまカルピのロドルフォ・ピオ枢機卿に知らせ、誘いには応じなかった。

実際、こうした申し出はすべて断わられた。というのも、このヴェネツィアの出版人には明確な目的があったからだ――ローマで、ヴァチカンの印刷所を運営し、トリエント公会議後の公式聖書を出版することである。

パオロ・マヌーツィオは才覚のある人物だったにちがいない。実際、出版活動は充実し、二重の意味で安定したパリとの関係と、断交する以前は緊密だったトッレザーニ家との連携のおかげで商売も順調だった。アルドの時代から、おそらくリヨンの海賊版を阻止するために、印刷所はフランスの首都に代理人を置いていた（とはいうものの、オリジナルも海賊版も同じくらいよく売れていた）。パリの代理人はザンピエトロという人物で、その立場を利用して、アルドの本の価格を吊り上げていた。定価自体が平均より高いところに、さらに上乗せされ――ヴェネツィアでの販売価格の約三倍――本はまったく売れなくなった。

アルドの友人で協力者のジローラモ・アレアンドロがそのことを彼に知らせ、みずから新たな代理人を買って出る。そして前任者に代わって価格を調整した結果、売り上げは回復し、買う側にとっては、アルドの協力者から直接本を受け取れるという付加価値もついた。アレアンドロの職業は教師で、自身が裕福になるよりも、生徒に適切な学習手段を提供することを目的としていた。彼は一五一三年までパリで活動する。アンドレア・トッレザーニは、マヌーツィオとの共同経営を始める以前から、フランスに独自の販売網を持っていた。そしてアルドの死後も商売を続け、サン・ジャック通りに錨とイルカの看板を掲げた店を開いた。収益は毎月、フランス王国の出納官ジャン・グロリエによって確認および回収が行なわれた。グロリエはジャン・フランチェスコ・トッレザーニの友人でもあった。

十六世紀には、商業交易において本だけが単独で運ばれることはなかった。ヨーロッパの市場では、別の物を売る店が書店に隣接しているのが普通で、本を送るついでに商品を同梱していた。印刷本で効率的に稼ぐには、中期および長期の周期で出版するだけでよかった。パオロは次のように書いている。「作品の売れ行きがよかったとしても、金が入ってくるまでに六〜八カ月の間隔がある。その間、どうにかして持ちこたえる必要がある」。いずれにしても、マヌーツィオ一家の収入は多くの資産によって保証されていた――アーゾラとカルピの家や土地である。

いささか謎に包まれているのは、魚の商いに関する事件だ。一五五九年にふたりの共同経営者が魚屋を始めるが、同業者の告発によって逮捕される。パオロ・マヌーツィオも裁判に巻きこまれ、最初は修道院に身を隠していたが、十年間の追放を命じられ、パドヴァに潜伏した。

その間、一五六一年六月に待望のローマへの移住の機会が訪れる。パオロはヴァチカン印刷所の代表の座につくのが待ちきれなかった。何度となく目前にしながらも、手にすることのできなかったチャンスだった。ところが、いよいよヴェネツィア共和国の領土を後にする段になって、辛辣な批判にさらされる。「私の出発を快く思わない者がいた。私にふさわしい環境で、ヴェネツィアで快適に暮らすことができるはずだと主張して、これまでどおり才覚だけで私を評価しようとしない。とはいえ、他の領主が莫大な報酬を払ってまで私を呼び寄せようとする才覚で、故郷に私を評価してほしいと思うのは奇妙である」と彼が書いたのは一五六一年八月、教皇の街に到着してから二カ月後のことだった。

いずれにしても、ヴェネツィアでは印刷所の経営状況のみならず、全体の状況が日増しに悪化しつつあった。というのも、十六世紀半ばまでは聖マルコの街だった自由のオアシスにおいても、対抗宗教改革運動の圧力が感じられるようになってきたからだ。印刷所が経営難に陥っていることは、パオロの最後の三年間で、初版に比べて再版の数が明らかに増えていたことから推測できる（最終的には初版が百九十三点、再版が百五十三点）。すでに一五四三年には一種の自己検閲が広がり、高位聖職者を不快にする恐れのある書物の出版には慎重になっていた。激しい抵抗の末に、ローマの異端審問がヴェネツィアに押し寄せてきたことで、事態は悪化の一途をたどった。すでに述べたが、一五五三年十月にサン・マルコ広場で行なわれたタルムードの焚書《ふんしょ》は象徴的な意味も持つ――ヴェネツィアにおける出版の自由は終わった。

パオロにとってローマへ行くことは、異端者の疑いを払いのけ、ヴェネツィアで優勢だった反中央集権的な宗教意識とは異なる自分を取り戻すためでもあった。マヌーツィオとヴァチカンとの契約は十二年間で、パオロが「監督および統率者」となる新たな印刷所の開設を想定していた。報酬は申し分なく、不可抗力により印刷所が機能しなくなった場合にも保証されていた。そこに一家のヴェネツィアからローマへの引っ越し代も加算され、さらにヴァチカンは印刷所の責務をすべて引き受ける。パオロの仕事は「異端者によって堕落した多くの場所に出版物が存在することの時代において、ほかのあらゆる最高のものと同じく、修正され改良された版の聖書」を作ることだった。

パオロはトレヴィの泉近くのパラッツォ・アラゴニアに居を構え、ほどなくそこは「ローマ市民の印刷所」と呼ばれるようになる。四人の枢機卿が補佐し、多くの校正者の協力を得た。枢機卿の役割は、作成された文章の正統性を確かめることで、それについてはきわめて注意深かったが、ビジネスの側面に対してはまったく無関心で、その新たな企画は税金が免除されることも考えていないほどだった。

だが、パオロの企画は幻想に過ぎず、ほどなく関係は悪化する。印刷所の財源はワインに対する税から確保することになっていたが、市民大学によってこの話が撤回され、すぐに激しい対立が起こった。しかし、非の打ちどころがない出版活動は、結果として期待外れでもあった。ローマでの九年間で出版された本は数えるほどで、しかも神学・宗教書が大多数を占め、世俗的な本はほとんどなかった。パオロの目指した人文主義の育成は、まったく役に立たないことがわかり、一方で彼自身は、実業家としての役割を果たすことはできず、何よりも自分が研究者であることを自覚していた。驚くようなエピソードがある。改革派の聖務日課書の包括的出版権に関して、パオロは権利を行使するよりも、出版を下請けに出そうとした。そんなことをすれば、他の印刷所が教皇の特権を商業的に利用して、ボロ儲けできる独占権を手にしただろう。

ピウス四世の死と、それに続く一五六六年一月のピウス五世の就任により、対抗宗教改革運動がさらに加速する。パオロは契約期間を三年残して契約の取り消しを申し出ると、パドヴァのピオーヴェ・ディ・サッコへ向かい、その後ミラノとヴェネツィアを経て、一五七二年にふたたびローマに戻り、グレゴリウス十三世の命によってエラスムスの削除版の編集を行なった。

息子のアルド・イル・ジョーヴァネとの関係には亀裂が生じたままで、パオロはヴェネツィアに戻って自分の目で印刷所の状況を確認したかったが、司教区庁の反対と病気のために、その思いは叶わず、一五七四年四月六日、ローマで息を引き取った。

アルド・マヌーツィオ・イル・ジョーヴァネ

マヌーツィオ家には、まさしく実業家のあいだで有名な格言が当てはまる――第一世代が構築し、第二世代が維持し、第三世代が浪費する。アルド・ジュニアは受け継いだ遺産を管理することができず、借金地獄に陥って死んだ。おそらく愚かだったわけではない。むしろ早熟で賢い少年だったが、身体が弱く、手に負えないほど落ち着きがなかった。すでに若いころから、印刷や編集の作業で父を手伝っており、パオロは兄のマヌーツィオに宛てた手紙で、息子について次のように書いている。「アルドは勉強はとてもよくできるが、長時間の作業がやや苦手で、やるべきことはさっさと終わらせる」。アルド・ジュニアは知的環境で育ち、寸暇を惜しんで勉強し、本や遺跡に紛うことなき情熱を注ぎこむ。一五六一年に父親についてローマへ行くが、四年後には家業の印刷所を運営するためにヴェネツィアに戻り、ユリウス・カエサルの全集出版という困難な企画に挑んだ。

だが、明確な将来設計があったわけではなく、そのまま父親と協力しつづける覚悟を決められずに、ふたりの関係は次第に緊張する。アルド・ジュニアは印刷所を辞め、パドヴァでふたたび勉強を始めようと決意するが、気が変わって、ほどなくアーゾラへ移り、そこでおもに政府の仕事を引き受ける。父親からは異議を唱える手紙がひっきりなしに届いたが、アルド・ジュニアは身体を壊してヴェネツィアに戻る。けれども健康状態は安定せず、父親との関係も同様だった。

一五六八年以降、印刷所はパオロによってドメニコ・バーザに貸し出され、アルド・ジュニアは原稿の修正を任された。その間、トッレザーニが「かつてのアルドの書庫」の看板を掲げて出版した本は、ある意味では脅威となった。ひとつには、アルドの商標権侵害の可能性、そして質の悪い改訂、つまりアルド・ジュニアの責任によるマヌーツィオの出版の衰退に向けられた批判である。

一五七二年三月、マヌーツィオ家の末子はフランチェスカ・ジュンタと結婚する。トンマーゾ・ディ・ジュンタの非嫡出子で、当時、トスカーナの出版王国で大いなる威信と成功を手にしていたルカントニオ・ジュンタ・イル・ジョーヴァネの従姉妹だ。この結婚によって両家は結ばれる。過去に、イタリック体の使用を巡って彼らが対立していたことは前述のとおりだが、パオロ・マヌーツィオがローマに移ると、明らかに関係は改善し、トンマーゾ・ジュンタは一五六一〜六三年にかけてパオロに活字を貸し出し、始めたばかりの活動が軌道に乗るようサポートした。

アルド・ジュニアはさまざまな出版企画を打ち出すが、ことごとく失敗に終わっている。『イタリアについて』というタイトルで何年もかけて文章を書くも、完成には至らない。彼は政府の仕事でダルマチアへ行き、続いてイタリア北部の各地を回り、ミラノではボッロメーオ枢機卿のもてなしを受けた。

一方で、父親との不和は解消されなかった。ある手紙で、パオロはヴェネツィア共和国の異端審問官に対する、息子の納得がいかない間違いについて触れている。だが、その件に関して他の資料は見つかっていない。「自身の問題について必要なことはわかっているはずだ。どんな小さな誤りでも、過去の記憶を呼び覚ますかもしれない」と彼は息子に書いた。いずれにせよ、一五七四年四月にパオロが死去したとき、アルド・ジュニアはヴェネツィアにいて、最後に父を抱きしめることはできなかった。生まれた娘は父に因んで〝パオリーナ〟と名づけるが、それ以降、いっさい話題にのぼらないところを見ると、どうやら新生児のうちに死亡したと思われる。十六世紀のイタリアで最も重要な書籍蒐集家で、パオロ・マヌーツィオの無二の親友でもあるジェノヴァ出身のジャン・ヴィンチェンツォ・ピネッリは、アルド・ジュニアを保護して助けようとしたが、思うようにはいかなかった。アルド・ジュニアは一五七六年に妻の家を出た。おそらく金銭的な揉めごとが原因と見られる。その年末、通常の手続きを経ずにドゥカーレ宮殿書記局の代読者に指名され、印刷所は、所有者として名を残したままニコロ・マナッシに託した。彼はマヌーツィオ一族の歴史における重要人物で、その役割は、アルド・シニアに対するアンドレア・トッレザーニの役割と比較できるかもしれない。

マナッシ自身はヴェネツィア市民だが、両親はアルバニアのシュコドラで生まれた。アルド・ジュニアとの協力関係は一五六七年から始まり、その九年後、マヌーツィオがヴェネツィアの印刷所と店の経営に関して合意書を作成してから正式なものとなった。投下資本は二百九十四束の書籍だった。契約は二度にわたって更新され、アルド・ジュニアがローマで死去したときも、まだ有効だった。当初、マナッシは経営面に専念すると思われていたが、やがて出版作品の管理も行なうようになった。

たとえば、新刊書の付録に出版図書リストを印刷し、各本を宣伝および図書目録情報の媒体とする方法を考案したのはマナッシだ。さらには、従来とは異なる方法で読者の信頼と売り上げの回復を図ろうとし、一五八九年には、禁書目録に含まれている書籍の所有で異端審問官に告発された――ジャン・ボダン『魔女の悪魔憑依』のイタリア語版は、大部分がマナッシの作品で、禁止されたことで大打撃を受ける。

現在、ヴェネツィア国立公文書館に保管されている十人委員会の議長に送られた「覚書」のなかに、アルド・イル・ジョーヴァネの署名入りのものがある。覚書というのは、ヴェネツィア共和国の臣下は誰でも提出することが可能で、受理されると報酬を得られる進言のようなものだ。驚いたことに、アルド・ジュニアは印刷所について考える代わりに、一五七七年十二月二十三日付けで三件もの進言を送っている。その内容は、ドゥカーレ宮殿の警備のみならず、ドージェが御座船に乗る場合には手の空いた者が漕ぐことや、「議長にはスラヴォニア人やギリシャ人を登用する」ことまで提案している。それはさておき。

注目すべきは日付だ。というのも、その三日前にドゥカーレ宮殿で激しい火災が発生し、投票の間と大評議会の間が消失したのだ。火炙りの刑を避けるためにアルド・ジュニアが提案した対策は、宮殿の一階の階段は立ち入り禁止にすることだった。さもありなん。かと思えば、まったく違う助言をする。「鐘楼には頑丈な鉄の大門を設置し、毎晩、鐘つき番が内側から鍵をかけ（中略）壁を作るか、一番下の窓に鉄柵をつける」、あるいは「ヴェネツィアの城門および国境として」キオッジャに砲撃手の学校を開設する。

アルド・ジュニアは大学で人文科学の教授の職を得て、一五八五年にローマに移住した。自身の蔵書は持っていったものの、印刷所の出版物は責任者のニコロ・マナッシに託していく。やがてヴァチカン印刷所の校正者に任命され、一五九六年七月にはフランチェスカ・ジュンタとの婚姻を解消する。おそらく聖職に就いて聖職禄を手にするためだと思われる。ちなみに、マナッシはアルド・ジュニアの家で暮らし、すでに何年も前からフランチェスカと生活をともにしていた。ふたりはフランチェスカが未亡人になったのちに結婚する。

アルド・マヌーツィオ・イル・ジョーヴァネは一五九七年十月の二十二〜二十三日にかけての深夜、とつぜんの発熱で死亡した。享年五十。ニコロ・マナッシは十一月十日に「私にとっては愛する兄弟以上に大切な、崇高なるアルド・マヌーツィオの予想外の死」と伝えている。相手は研究者で書籍蒐集家のパオロ・ラムージオ。アルド・ジュニアの娘と、人文主義者ジョヴァンニ・バッティスタの息子の名づけ親であり、近代初の地理書『航海と旅行』の著者、そしてピエトロ・ベンボとアルド・イル・ヴェッキオの友人でもある。ラムージオは次のように付け加えている。「ヴェネツィアでは私を除いて、かくも重要な人物の死に対する悲嘆を示す者は誰ひとりいなかった」。実際、ヴェネツィア共和国において、祖父や父親には劣るとはいえ、一流の出版人の死去に際して哀悼の意が捧げられなかったのは、やや驚かずにはいられない。

いずれにしても、マナッシが駐ローマのヴェネツィア大使ジョヴァンニ・ドルフィンへの緊急要請を依頼したのはパオロ・ラムージオだった。アルド・ジュニアの財産を不法な要求から守るためである（マヌーツィオが「暴飲暴食のために」死亡したと書いたのは、ほかならぬこの外交官だった）。

アルド・ジュニアは多くの借金を残した。ニコロに対しても例外ではなく、百九十ドゥカートを借りたばかりだった。したがって、蔵書が差し押さえられたのも当然のことだった。それが債権者を満足させられる唯一の財産だからだ。なかでもヴェネツィアでは、未亡人が持参金を返してもらうのを長年待ち望んでいた。

マナッシは、一五九六年七月三日にアルド・ジュニアが共和国に本を寄贈したことを手紙に記し、ドルフィン大使にその寄贈を有効としてほしい旨をパオロ・ラムージオに頼んでいる。実際、大使はそのために尽力し、その件について教皇とも面会しているが、結局、ヴェネツィア共和国は拒んだ。理由はふたつ――寄贈行為は記録に残っておらず、共和国側には貴重な在庫目録のない遺産を受け取る意志はなかった。さらに、寄贈を受ければ莫大な借金も引き受けることになりかねないからだ。

蔵書の内容は正確に把握されておらず、当初は八万冊とも豪語され、その後ややトーンダウンして三万六千冊という触れ込みだったが、ドルフィン大使は「一部で言われているほどの価値はなかった」と指摘している。

アルドの死後、何年も経ってからフェデリーコ・ボッロメーオ宛てに送られた目録によると、その数は印刷本が一万三千四百二十四冊、写本が四百十二冊だった。生前に前金として支払われ、それゆえ返されることのなかった損失の補填として、教皇が貴重な写本を抜き取ったのだ。

リストに記載された印刷本のなかに、とりわけ価値のあるものは見当たらない。大部分は、ヴェネツィアまたはイタリア国内で出版されたラテン語あるいは俗語の本で、外国の書籍は比較的少ない。一世紀にわたってヨーロッパの出版ビジネスの中心に君臨した一族の蔵書であることを考えると、いささか物悲しいエピローグである。

祖父の蔵書に含まれていた写本は一冊もなく、教皇の鑑定より高価なものは、プロヴァンスの写本だった（現在はヴァチカン図書館所蔵、書架番号 Vat. Lat. 5232）。エラスムスが感銘を受けたギリシャ語の写本もない。すべてジャン・フランチェスコ・トッレザーニが相続し、一五四二年にフランス王国に売却されている。

フランチェスカ・ジュンタの持参金の問題も見過ごせない。ヴェネツィアでは、女性の財産権がイタリアの他の都市よりも大いに考慮されていた。持参金は娘の権利であり、結婚後は夫の自由になるとしても、父親の義務でもあった。未亡人になったときに限り、女性はその金を取り戻し、自身で管理する権利を得る。そして、亡き夫の家族から確実に返してもらうために、不動産を担保とするのが一般的だった。

アルド・ジュニアがヴェネツィアを離れ、夫婦が別居した一五八五年には、フランチェスカは夫がカルピに所有していた土地を受け取っていた。その昔、アルベルト・ピオがアルド・イル・ヴェッキオに贈った土地である。いずれにしても、フランチェスカは裕福で著名なジュンタ家の娘であり、当時のヴェネツィアで最も優秀な弁護士ふたりに助けを求めたのも驚くことではない。それまでに彼女が法的手段に訴えたことはなかった。おそらく夫が払い戻す状況にないことを知っていたにちがいない。だが今回は、ごく短期間のうちに、アルド印刷所も他社も含めて一万五千冊の本が倉庫に運びこまれ、返却の総数が定められた。この時点で、長年、生活をともにして子どももいたフランチェスカとニコロ・マナッシは結婚する。その結果、ニコロは事業の管理者として、そして所有者の夫として二重に関与することになった。

アルド・ジュニアの死後、ニコロ・マナッシはどうにかして印刷所を立て直そうとするが、実現には至らなかった。壊滅的な状況は想像以上だった。結果として、運営はさらに悪化して、アルド・イル・ジョーヴァネの借金は増えつづけた。

マヌーツィオ王国の歴史は没落のうちに幕を閉じる。マナッシの計画は期待外れに終わった。彼はヴェネツィア共和国に蔵書の寄贈を受け入れさせようとした。そうすれば借金も引き受けてもらえると踏んだのだ。マナッシにとって、印刷所の経営は手に余るもので、アルド・ジュニアの生前、最後の数冊の出版に関わるのが関の山だった。いずれもマヌーツィオ一族の人文主義の伝統とは無関係で、マナッシの出身地であるバルカン半島にまつわる本だ。

二十年ほどの長い空白期間を経て、一六一九年、錨とイルカの商標を掲げた一冊の本がとつぜん市場に現われる。「あまりにも有名なアルドの名前と印」――マナッシは読者に向けてそう書いた。だが、復活への一縷の希望も幻に終わった。一六一九年の本は、ヴェネツィアにおいてアルドの商標が印刷された最後の一冊となった。

アルド印刷所の歴史はここで終わるが、アルドの神話は現代まで続き、彼の残した財産もいまだ使い果たされていない。

第12章

アルドの財産

アルドの生前から、彼の出版した本はすでに垂涎の的となり、その後も長いあいだ、その地位を譲ることはなかった。イギリスからポーランド、ハンガリーからポルトガル、フランスからフランドルまで、マヌーツィオがヨーロッパ各国と築いた関係により、存命中から神話が築かれ、彼の出版した古典文学作品は、知識層やおもな人文主義者だけでなく、名の知られていない研究者や蒐集家のあいだで幸運に出会うことができた。アルドの本は遺言書でも言及されている。書記長のアンドレア・フランチェスキ（共和国の全官僚の責任者）は一五三五年、友人のジョヴァンニ・バッティスタ・エグナツィオに「金のダマスク織りで製本された、アルドによるギリシャ語のホメロスの小型本」を残している。

一五一三年十二月十日付けのフランチェスコ・ヴェットーリ宛ての手紙で、ニッコロ・マキャヴェッリは二種類の読書について語っている。ひとつは、研究とは異なる目的で、注釈のない文庫本を読むこと。フィレンツェの外交官は、ダンテ、ペトラルカ、ティブッルス、オウィディウスを持ち歩いていることを打ち明け、楽しみのための読書を学んだことを明らかにした。「彼らの愛欲の作品を読み」、自身のそれに思いを馳せ、「その考えにしばし浸った」。

マントヴァ侯爵夫人イザベッラ・デステ・ゴンザーガが、ヴェネツィアで本を入手しようとした（そして値切ろうとした）ことはすでに述べた。ハンガリー王国の書記官ジギスムント・トゥルゾは、一五〇一年の手紙でアルドにこう書いている。「あなたの本はとても持ち運びに便利で、歩きながら、ひいては宮廷人のふりをしながら、機会があるごとに読むことが特別な楽しみとなりました」。ポズナンの司教でポーランド王国参事官、イアン・ルブランスキは、アルドの本を定期的に購入していた。

ジョルジョーネが『緑の本を持った男の肖像画』にアルドの文庫本を永遠に残したことには触れたが、当時の他の絵画にも小型本は登場しており、それを所有していることが一種の流行となっていたと考えられる。一五一二年にベルナルディーノ・ロスキが描いた有名な肖像画では、領主アルベルト三世・ピオは、手に持ったウェルギリウスの『アエネーイス』の小型本をこちらに向けて開いている。一五〇一年に出版されたウェルギリウスと比較すると、おそらくアルド版ではなく写本だろう。だが、ティツィアーノが一五一四年ごろに描いた高貴な男性（おそらくヤコポ・サンナザーロ）は、明らかに右手に小冊子を持ち、人差し指を栞代わりにページのあいだにはさんでいる。パルマ・イル・ヴェッキオが一五二〇年に描いた若者は、紐で括られた本を手にしている。その二十年後にロレンツォ・ロットが描いた、ブレッシャの裕福な貴婦人ラウラ・ダ・ポーラも、左手に小さな本を持っている。さらに、一五二六年にパルミジャニーノが描いた男性が、親指をはさんで持っている小さな本は、間違いなくペトラルカだ。

同じく一五二〇年代に、フランスのフランソワ一世が王立図書館の購入本リストを作成させた。購入予定のギリシャ語書籍のうち、三十一冊がアルド印刷所のもので、そのなかの十六冊はアルド・イル・ヴェッキオの手がけたものだった。駐ヴェネツィアのフランス大使、ギヨーム・ペルシエは、ジャン・フランチェスコ・トッレザーニやパオロ・マヌーツィオと交流を深め、フランスにとって理想的な関係だと強調した。パオロ・マヌーツィオは一五四〇年にキケロの『アッティクス宛書簡』の初版を彼に献呈している。

蒐集

形式の愛好者と内容のマニアの境界は、あってないようなものだ。本を物として蒐集《しゅうしゅう》するのか、そこに書かれている文を読むために集めるのか。多くの場合、その両方が目的だ。

パドヴァ大学で学んだ法学者で人文主義者のヴィリバルト・ピルクハイマーは、一五〇六年、画家アルブレヒト・デューラーにヴェネツィア旅行を促したひとりだ。裕福で博識なピルクハイマーは、ほかならぬデューラーの細密画が挿入されたアルドの本を十一冊購入している。一五〇六年八月十八日、ドイツに残った友人に宛てて送った手紙で、デューラーは次のように報告した。「さらにある出版人に、最近、ギリシャ語の新しい本が出版されていないかどうか尋ねたところ、現在はないけれども、何かわかり次第、知らせてくれるそうなので、その際にはすぐにご連絡します。また、紙の種類についてもお知らせください。我々の国で買ったものよりも薄い紙は知らないので」。出版人の名前は記されていないものの、一五〇六年にヴェネツィアでギリシャ語の本を出版しているのはマヌーツィオだけなので、デューラーが問い合わせたのが彼だということは想像に難くない。しかしデューラーは、アルプスを越える以前から、すでにアルド印刷所の作品と接点を持っていた。一五〇一年には初めて横たわった裸婦を描いているが、美術史家によると、これらの習作の基となったのは北方に運ばれてきた『ポリフィルス狂恋夢』である可能性もあるという。

エラスムスは、ヴェネツィアを離れたのちも、ヨーロッパを遍歴しながらアルドの本を送らせていた。フランスのギヨーム・ビュデ、ドイツのベアト・ビルト（ベアトゥス・レナヌス）、フィレンツェのピエトロ・ヴェットーリといった当時の著名な人文主義者は、アルドの本に念入りな注釈をつけた。ドイツとの繋がりで最も重要な人物は、ゲオルク・ブルクハルト、通称スパラティヌスだろう（といってもスパラート（クロアチアのスプリト）とは関係なく、バイエルンのシュパルトの出身）。ルターを保護したザクセン選帝侯フリードリッヒ賢公の秘書官を務めた人物である。ブルクハルトはヴィッテンベルク大学図書館の本の購入を命じられ、すぐにアルドに問い合わせた。ここで問題となるのは、人文主義、ルネサンス、宗教改革の関係である。ルターの主張を育んだ文化的環境にアルドがどれだけ貢献したのかは、いまなお解明が求められている。

トマス・モアは一五一六年に『ユートピア』の初版を出版した。理想の社会が繁栄する島を旅する物語で（『ポリフィルス』を想起させる設定）、島民は「アルドの小型の」本を読み、「コンスタンティノス・ラスカリスの文法書を持ち」、「このうえなく高価なプルタルコスの本を所有して、ルチアーノの魅力に興じる」。同じく一五一六年、リチャード・フォックス司教はオックスフォード大学コーパス・クリスティ・カレッジを設立し、エラスムスに称賛される。三つの古典言語による神学研究を行なう機関としては、ヨーロッパではスペインのアルカラ大学に次いで二番目だった。図書館は三十三冊のギリシャ語の本を所蔵し、うち二十四冊がアルド印刷所のものだ。

マントヴァではイザベッラ・デステが、ローマではファルネーゼ公爵がアルドの本を購入し、アンドレア・トッレザーニが構築してパオロ・マヌーツィオが引き継いだパリの販売網のおかげで、ヴェネツィアの印刷所の出版物はフランスのフランソワ一世やアンリ二世の蔵書にも加わった。こうして「錨とイルカに捧げられた」コレクションが形成される。前述のヴァチカンのスペイン大使、ディエゴ・ウルタード・デ・メンドーサに加え、ブルゴーニュ出身の枢機卿でヴァチカンのフランス大使、ナポリ副王を務めたアントワーヌ・ペルノ・ド・グランヴェル、カテリーナ・デ・メディチの個人秘書からフランス財務官となったトマス・マイユ、そして誰よりもジャン・グロリエ・ド・セルヴィエール。彼はミラノでアルド本人とも会っている。公証人の一家に生まれ、やはり財務官となったが、本の表紙に自身の名前と紋章を金色で入れる装丁を施すほどの愛書家だった。彼の蔵書は九割が消失したが、残った三百五十冊の半分はアルド印刷所のもので、四十二冊はアルド・イル・ヴェッキオの存命中に出版されている。『ポリフィルス』は四冊、マルティアリスの八折判の初版にいたっては八冊もあった。グロリエは羊皮紙版を多数買い求め、場合によっては、おそらくアルドも利用していた工房で細密画を入れさせることもあった。

十六世紀後半に活躍したイギリス生まれの数学者で天文学者、錬金術師のジョン・ディーは、アルドの印刷機で刷られた本を、書名と出版場所、日付のみの他の蔵書とは別に記録していた。

一六三九年以降、アルドの本はふたたび蒐集家の注目を浴びるようになる。その年、ミュンスター大聖堂の司祭、ベルンハルト・フォン・マリンクロットがグーテンベルクの発明の二百周年を記念した本を出版し、そのなかの一ページをアルドに捧げて、その出版物のすばらしさを認めた。マリンクロットの蔵書は五千五百冊にも及び、初期の印刷本を指す「インキュナブラ」という言葉を使いはじめたのも彼だった。一六八九年には、パリの出版人で書店主のジャン・ドゥ・ラ・カイユが「有名なアルド・マヌーツィオ」について言及している。

十八世紀初めには、アルドの本は蒐集の流行からやや外れ、それほど高い価格はつかなかった。たとえば一七二六年には、ミラノの詩人で劇作家、カルロ・マリア・マッジがオークションで競り落としている。アンブロジアーナ図書館に保管されているカタログには、開始価格と落札価格が記されているが、アルドの本は両者があまり変わらず、ときにはほとんど同じで、それほど人気があったわけではないことがうかがえる。『ポリフィルス』は六リラから開始して七リラで落札された。ちなみに、一四九三年に出版されたハルトマン・シェーデルの『ニュルンベルク年代記』は、十リラから始まって二十一リラで落札されている。

けれども状況は変わる。一七三六年、ヴェネツィアの文学者アポストロ・ゼーノがアルドについて書き、一七五九年にはフィレンツェの文献学者ドメニコ・マリア・マンニが伝記を出版すると、この学問的関心が蒐集家にも広がった。その結果、十八世紀末には価格が高騰する。アルドの本の蒐集家としてまず名が挙がるのが、十八世紀にヨーロッパ最大の印刷所を所有していたバッサーノのレモンディーニ家だ。その印刷所は百五十名の従業員を抱え、ディドロとダランベールの『百科全書』では、バッサーノが「レモンディーニ家の街」と定義されるほどだった。それ以外にも、画家カナレットの名をロンドンに知らしめたヴェネツィアのイギリス領事、ジョセフ・スミスの名を忘れてはいけない。五十一冊のアルドの本のなかには、同じ作品が複数含まれている。二冊あるものは、一方が羊皮紙版である場合が多い。

ミラノ国立文書館で、一七九〇年三月六日付けの手紙を閲覧することができる。ボルカ・ディ・カドーレの修道院院長で愛書家のドマーゾ・デ・ルカは、ロンバルディアのある匿名の蒐集家に宛てて、ベッルーノの貴族が「古書店で」ムゼオ・グラマティコ『ヘーローとレアンドロス』の一四九五年のアルド版を「発掘」し、「きわめて珍しい本であると知っている」ため「高い値段を吹っかけてきた」と報告している。

一八四四年一月二十七日にパリで死去した古書店主シャルル・ノディエのコレクションが売りに出されたのは画期的だった。十二回にわたって、二千二百三十四作品がオークションにかけられた。そのなかには『ポリフィルス狂恋夢』も含まれており、「変則的、不純、幻惑的な本であり(中略)話は奇抜で混然とし、言葉は難解で、文章は錯綜している」と説明されている。ノディエの所有していた版はとりわけ貴重で、赤いモロッコ革の装丁だった。だが、それだけではない。アルドと後継者による千四百四十八冊は、一部が細密画の挿入された羊皮紙版で、名門貴族プリウーリ家の蔵書だったが、一八四七年にプロイセン王フリードリヒ・ヴィルヘルム四世によって購入された。現在は、アルドの百七十一冊がクラクフのヤギェウォ図書館に保管され、ベルリン州立図書館は公共機関では最大規模のアルドのコレクションを所蔵している。

最も重要なアルドの蒐集家で研究者といえば、間違いなくアントワーヌ＝オーギュスタン・ルノワールだろう。二十代のころから出版人、書店主、愛書家として名を馳せ、一八五三年十二月十五日に、サン＝ヴァレリー＝シュル＝ソンムで八十八歳の生涯を閉じた。何度も版を重ねた『Annales de l'imprimerie des Alde（アルドの出版年表）』は、マヌーツィオの本および関連書籍に関して、こんにち最も完全かつ信頼できる図書目録研究である。一八三四年の最終版は六百ページにものぼる。アルドの本について調べる際には、いまなおルノワールの文献に当たることが欠かせない。彼はそれ以前にも、一八〇三年に「三人のマヌーツィオ」の伝記を書いている。

一七八〇年代後半のフランスでは、マヌーツィオの名はほとんど知られておらず、ルノワールはかなりの蔵書を持つ数少ない人物のひとりだった。この一大プロジェクトを思いついたのは、ぞんざいな扱いや劣化によって三人のマヌーツィオが忘れ去られ、彼らの本が消失してしまうことを懸念したからだ。ルノワールの関心は彼らの人生、肖像画、商標にまで及ぶ。彼はアルドの全出版物を少なくとも一冊ずつ所有することを望み、その夢を叶えるために全作品の目録を作成するが、あいにくリストの本をすべてそろえることはできなかった。ヨーロッパの公共図書館を利用して、知られていない本や希少本のみならず、アルド印刷所の歴史を再現するための重要な資料も発見する。そして、彼のために調査を行ない、報告書を送ってくれる司書や書店主のネットワークを築いた。個人のコレクションを結集して豪華版や稀少版を探し、蒐集家たちは彼に新たな情報を提供した。

あらゆる観点で、ルノワールはヨーロッパ有数の本の蒐集家となる。初めて本を買ったのは一七八一年、弱冠十六歳のときで、その膨大な蔵書のなかで最も有名かつ愛されているのは、昔から変わらずアルドの本だ。一七九二年には、当時最も値打ちのあるコレクションをまとめて購入することに成功した――故ロメニー・ド・ブリエンヌ枢機卿のコレクションである。『出版年表』の初版を出した一八〇三年には、すでに目録中の九割を所有しており、一八二〇年代には、書籍蒐集の歴史上初の〝アルド・ブーム〟が巻き起こるなかで頂点を極める。前述のとおり、こんにち『ポリフィルス狂恋夢』は公共図書館と個人蔵書を含めて三百冊が残っているが、全五巻のアリストテレス全集は二百六十セット、聖カテリーナの『書簡集』は百九十二冊、ラスカリスの『問答集』は九十冊が現存する。

二〇一三年に『ポリフィルス』がオークションで三十一万五千七百五十ドルで落札されたことはすでに述べたが、二〇一〇年七月には〈クリスティーズ〉で四十七万ドルの値がついた一方で〈ジャン・グロリエの蔵書で特別装丁版〉、二〇一八年には半分以下の十八万五千ユーロで売買されている。同じく二〇一八年、〈クリスティーズ〉でアリストテレス全集が三十一万五千ユーロで落札された。特筆すべきは、この全五巻がすべて原本で、他の版が交じっていないことだ。すなわち五冊は出版当初からセットとして扱われ、その後、幾星霜を経てもばらばらになることはなかった。ちなみに、この全集は十七世紀初めにブレッシャのイエズス会が所有していた。二〇一六年、キケロの『友人宛書簡集』の現存が確認された四冊のうち、一冊が十八万ユーロで売買され、二〇〇九年にはオークションハウス〈ブルームズベリー〉で、ペトラルカの一五〇一年の八折判に六千六百ドルの値がついた。骨董品市場では、アルドの未綴じ本も数百ユーロで取引されている。

アルドをめぐる人々

蒐集家によるアルドの本の再発見は、出版人や書籍の世界全体において関心を再燃させる。一八三〇年には古書店主で、のちに出版人にもなったウィリアム・ピカリングが、アルドの名を冠した全五十七巻の『オルダイン英国詩人叢書』の出版を開始し、一八五三年までにさまざまなイギリスの詩をまとめた。ピカリングの本には、錨とイルカ、「Aldi discip.(ulo) Anglus」の銘をあしらった商標が用いられている。十九〜二十世紀にかけて、アメリカの多くの図書館で、漆喰装飾、帯状装飾、彫刻、絵画、コーニスなどにアルドのシンボルが使用された。

一八五一年に出版されたハーマン・メルヴィルの『白鯨』では、第五十五章に、アルドの商標は海豚というよりは「鯨を描こうとした」ように見えると書かれている。「あの製本職人の鯨は、沈んだ錨の柄に若枝のごとく巻きついていて（中略）きわめて生き生きとしているが、まったくの架空の動物である」。

イタリアの国民的詩人ジョズエ・カルドゥッチは、一五一一年のピンダロスについて言及している。「アルド・マヌーツィオは、高い技術を持った民間の印刷所の真のクリエーターだった。彼の印刷機から生まれる本は、ありふれたもの、巷で作られているものとは一線を画する」。詩人で劇作家のガブリエーレ・ダンヌンツィオも、一九二九年の献辞文でアルドの記憶を新たにしている。そのなかで彼はアルノルド・モンダドーリを「アルドの末裔の出版人」と呼び、「エラスムスとアルドを称賛し、模範として」と書き添えた。

前衛芸術家であり作家のトゥッリオ・ダルビゾーラは神話をよみがえらせる。「考古学者、本の科学者、インキュナブラというマクロビ食材の朝食をとり、培養されて膨らんだ脳にパンフィロ・カスタルディ、アルド・マヌーツィオ、ボドーニという宝で肥料を与える人々」。カスタルディに対する言及は現在では見逃されているものの、このやたらと大げさな国家主義者は、活版印刷の発明の手柄をドイツ人のグーテンベルクから奪い、イタリア人のパンフィロ・カスタルディの功績としている。言うまでもなく、事実ではない。フェイクニュースの起源は十七世紀に遡るが、注目を浴びたのは、ヴェネトがイタリアに併合された直後のことだった。一八六六年、ミラノの印刷人たちが（一四七一年にミラノで初めて出版を手がけたのがカスタルディだった）彼の故郷フェルトレの中央広場に自費で「寛大な活字の発見者を記念して」彫像を建てさせた。でたらめなニュースはほどなく撤回されたが、ファシズム期にふたたび息を吹き返す。彫像は現在もフェルトレにあり、事実ではない文が刻まれたままだ。

チリの詩人パブロ・ネルーダは、一九五六年に『印刷へのオード』でアルドと彼のイタリック体を称えている。「彫像のように／ヴェネツィアの／海軍のごとく／堅固な／アルドの文字」。さらに、イタロ・カルヴィーノは『アメリカ講義』（一九八八年）で次のように記している。

私はすでに若いころに「Festina lente（ゆっくり急げ）」というラテン語の格言を自身のモットーとした。その言葉と概念以上に私を惹きつけたのは、それらが示唆するものだった。あのヴェネツィアの偉大な人文主義者の出版人、アルド・マヌーツィオを覚えているだろうか。彼がすべての本の扉で、錨に身を巻きつけたイルカに「Festina lente」の文言を表わしていたことを。ロッテルダムのエラスムスが忘れがたいページで評していた、あの優雅なデザインの商標には、知的労働の真摯さと堅実さが象徴されている。

作家のアルベルト・ヴィジェヴァーニは一九五九年、ミラノに出版社〈ポリフィーロ〉を設立し、一九六八年からは息子のパオロも加わって、主としてカルロ・ディオニソッティのマヌーツィオに関する研究論文を出版する。二〇一八年に出版事業からは撤退したものの、同じ名前の古書店を営業しつづけている。

〈アルダス・クラブ〉の本部もミラノにある。愛書家の国際的な団体で、ヴェネツィア大学とミラノ大学で本の歴史を教えるジョルジオ・モンテッキが代表を務めている。

一方、一九八五年七月には、アメリカのシアトルで史上初のページレイアウト・ソフトウェアが発売された。その名も〈アルダス・ページメーカー〉で、起動画面にはマヌーツィオの『ポリフィルス』が表示される。開発したのは〈アルダス・コーポレーション〉だ。創業者のポール・ブレイナードは、一九九三年までプログラムの開発に携わっていたが、それ以降は慈善活動を行なっている。〈ページメーカー〉のバージョン１・０はスティーブ・ジョブズのアップル社のコンピューターで動く。現代の〝必需品〟を生み出したふたりの発明家が手を組んだのは、このときが最初で最後だ。翌年にはＩＢＭのパソコンと互換性のあるバージョンも発売されるが、すでにアップル社のマッキントッシュには標準装備されていた。このソフトウェアによって、文章や図を挿入し、画面上で編集作業を行なって原稿を作成することが可能となる。当時の技術では、まさに画期的なプログラムだった。

アルドが本の革命を起こしたように、アルダスのソフトウェアはアップルの〈レーザーライター〉プリンタとともに、コンピューターによるページレイアウトの革命の導火線に火をつけた。「デスクトップ・パブリッシング」という用語もブレイナードによって考案され、ページレイアウトソフトは四百八十四年前の文庫本に匹敵するほどの大成功を収めた。一九八八年には、すでに十二カ国語版が発売されており、十万本以上を売り上げた。アルドが小型本で出版したペトラルカの販売部数と、ほぼ同じである。一九九四年、アルダス社は〈アドビ〉に買収され、〈アルダス・ページメーカー〉は〈アドビ・ページメーカー〉と名前が変わる。だが、その二年後に発売された〈クォーク・エクスプレス〉が取って代わり、さらにその後は〈インデザイン〉が主流となる。

もうひとつ、コンピューター分野の話題として、「プロジェクト・マヌーツィオ」を挙げておこう。これは名作文学の全文を電子化してインターネット上で公開することを目的に、一九七一年に創始された「プロジェクト・グーテンベルク」のイタリア語版である。イタリアの電子書籍第一号はジョヴァンニ・ヴェルガの『マラヴォリア家の人々』で、一九九三年八月二十九日にデジタル化された。現在、プロジェクト・マヌーツィオを推進する非営利団体〈リベル・リベル〉のサイトからは、書籍が四千冊、音楽作品が八千曲、オーディオブック数百冊がダウンロード可能となっている。

紙の世界に話を戻すと、オーストラリア出身のミッシェル・ロヴリックという作家がいる。ロンドンとヴェネツィアを行き来して暮らし、二〇〇三年に発表した小説『The Floating Book』では、ヴィンデリン・フォン・シュパイヤーがニコロ・マレルメによってトスカーナの俗語に翻訳された初の聖書を出版した一四七一年のヴェネツィアを舞台とした。その一年後（二〇〇四年）には、イアン・コールドウェルとダスティン・トマスンのふたりのアメリカ人作家がコンビを組み、『ポリフィルス狂恋夢』をテーマにしたミステリー小説を発表した（『フランチェスコの暗号』柿沼瑛子訳、新潮文庫、二〇〇四年）。『ミッキーマウス』のイタリア語版には、長年ヴェネツィア出身のクリエーターが関わっており、ときおり漫画に「本の父」が登場する。一九八六年の１６１７号に収められた『ドナルドダックと出版』という話は、パオロ・オンガロとロマーノ・スカルパによって描かれた。ふたりともヴェネツィア生まれだ。二〇一五年の『ミッキーマウス』では、ヴァレリオ・ヘルドがデザインした主人公パペルス・ピクツィオが活躍している。脚本家のアレッサンドロ・システィは指摘する。「パペルス・ピクツィオは、ディズニーのルードヴィヒ・フォン・ドレイク（ピコ・デ・パペリス）の基となったキャラクターで、アルド・マヌーツィオと多くの共通点がある。あるいは、ひとつだけかもしれない――文化に対するあふれんばかりの情熱だ」。さらに、二〇一六年四月の『パペローネおじさんとパペルス・ピクツィオの秘密の本』もヘルドとシスティが担当した。

話を二〇一五年に戻す。この年、史上初の出版人の死後五百周年を記念して、グラフィックノベル『アルド・マヌーツィオ』が出版される。アンドレア・アプリーレが脚本、ガスパール・ンジョクが作画、トゥヌエが編集を手がけたこの作品は、新たなコミュニケーション・モジュールを利用してアルドの物語を描いている。一方、同じ年の二月六日には、郵便事業を行なう〈ポステ・イタリアーネ〉が記念切手を発売した。二〇一八年には〈グアンダ〉社から、スペインの作家で文献学者のハビエル・アスペイティアが『ヴェネツィアの出版人』を出す。時代は一五三〇年、アルドの死から十五年後、ひとりの若者がモデナ近郊の田舎の邸宅を訪ね、そこで暮らしている未亡人に夫の伝記を見せるというストーリーだ。二〇二〇年六月には、アントーニオ・カストロヌオーヴォと〈バッボモルト・エディトーレ〉が『カストリノヴィ狂恋夢』を出版する。ミケーラ・マスカルッチの木版画を挿入し、フィレンツェのビゾンテ財団の印刷所で刷った。三十三冊には手書きでページ番号が振られ、うち十冊にはマスカルッチのオリジナルの絵を採用された。

だが、神話の拠りどころは出版だけではない。〝イル・マヌーツィオ〟で祝杯をあげることもできる。トスカーナ州グレーヴェ・イン・キアンティのワイナリー〈パンツァネッロ〉の製品で、いわゆるスーパー・トスカーナである。「他に類を見ないほどバランスと調和のとれた味。（中略）トスカーナの極上のワイン、イル・マヌーツィオはサンジョヴェーゼとメルローの卓越した融合から生まれた」。

イギリスのインターネットサイト〈www.zazzle.co.uk〉では、「アルダス・ルネサンス」シリーズの商品を購入することができる。錨とイルカ、「ゆっくり急げ」の文字がプリントされた帽子やTシャツ、アルドの本の奥付をかたどった銀のペンダント、錨とイルカのカップ、アルドの横顔が描かれた長袖のシャツなどがある。

芸術作品におけるアルド

一五〇四年、表面にアルドの横顔、裏面に錨とイルカのマークが刻まれた直径五センチの鋳造メダルが作られた。現在もいくつかが残っており、さまざまな博物館に保管されている。ピオ家との養子縁組と、貴族の姓を名乗るようになることを記念したメダルだと思われる。鋳造メダルは高価で、当時は限られた数しか作られていなかったが、とても人気が高く、ひとりの所有者が親戚や友人に配るために、溶かした金属を再利用して複製を作ることも珍しくなかった。散逸する以前は世界で最も充実していたピエロ・ヴォルトリーナのコレクションには、ふたつが収められていた。ひとつはブロンズ製で間違いなくオリジナルのもの、もうひとつは錫で、表面にだけ図柄が刻まれている。その点からも、古いものではあるが明らかに複製であることがわかる。

十六世紀の最初の五年間で、アルドは支援者である領主アルベルト・ピオとともに、その姿をカルピのフレスコ画に描かれ、トレードマークの黒い帽子をかぶっている（ヴェネツィア方言では「バレータ・ア・トッツォ（平たい幅広帽）」）。それはよく知られて複製画も作られているアルドの肖像画のひとつで、師と生徒は年齢差にもかかわらず混同される。帽子の縁から白髪交じりの前髪がのぞいたアルドは、このときすでに五十歳を超えており、一方の領主は金髪の若々しい青年だというのに。

もう一枚、アルド・マヌーツィオの肖像画とおぼしき絵がある。ほとんど知られていないが、ヴェネツィアの骨董品商タティアーナ・スカルパが四十年ほど所有しており、ヴィットーレ・カルパッチョか、フランドルのマエストロ・デッラ・レッジェンダ・デッラ・マッダレーナの作品とされる。小さなタブローで（二十八・五×二十センチ）、裏側に一七八七年七月三日の日付と、修道院長トリヴルツィオの所蔵品であることを示す紙が貼られている。おそらく十八世紀のミラノで最も名高い蒐集家、ドン・カルロ・トリヴルツィオにちがいない。彼はその二年後の一七八九年に死去しているが、次のようなメモ書きを残している。「すばらしい肖像画で、教養があり卓越したヴェネツィアの印刷人、アルド・ピオ・マヌーツィオであると思われる」。さらに、ある本の表紙を飾った絵であるとも説明している。本を修復するに当たり、補強するために布が当てられた結果、「本の革紐を通す溝」が塞がれた。「(中略) おそらく肖像画は、実際には、アルドによって作られ印刷された何らかの本の表紙に使われる紙に描かれたにちがいない」。

この肖像画の存在を知る者はわずかだ。一九九九年にヴィテルボのサン・マルティーノ・アル・チミーノで開催された、イタリア人蒐集家所有のフランドル派絵画の展覧会で展示された。監修者は美術史家のディディエ・ボダールだが、この作品の作者をカルパッチョではなくフラマン人だと推定したのは、ほかならぬ彼だった。その後、二〇一〇年に出版された本の表紙に使用され、そのため二〇一五年に、ごく短期間ではあるものの、ふたたび日の目を見る。聖マルコ同心会館で三日間にわたって行なわれた、アルドの死後五百周年の記念イベントである。この絵は、十九世紀初めにモーゼス・ホートン・ジュニアがイギリス人の蒐集家の依頼で描いたアルド・マヌーツィオの肖像画の複製だ。そして、その肖像画はジョヴァンニ・ベッリーニの手によるものだと考えられており、作品の下に「ポールモール、〈エドワーズ〉所蔵」と記されていたが、あいにく現在は行方不明となっている。息子のパオロが一五五九年にクラクフの司教に送った肖像画も紛失したが、現存するもう一枚の肖像画は、ミラノのアンブロジアーナ絵画館に保管されている。一五七一年、パオロはこの世を去る三年前に、広く流通させる目的で父アルドの木版の肖像画を出版した。

古病理学者のフランチェスコ・M・グラッシとエレナ・ヴァロットによると、肖像画ではポーズが異なるため（横向きか斜め四十五度）分析は容易ではないが、カルピのフレスコ画と十九世紀の版画には共通する特徴（鼻やあご）がある一方で、カルパッチョの作品とされる肖像画には、他の絵と同一の要素は一部のみである。

アルドの家

アルド・マヌーツィオが暮らし、ヴェネツィアで最初の印刷所を開設したサンタゴスティンの一帯は、当時と現在では大きく様子が異なる。一五〇〇年に印刷されたヤコポ・デ・バルバリの風景画を見ると、ファサードが水路に面した三つの身廊を持つゴシック様式の教会に区切られた平野が広がっている。サンタゴスティン教会は一八〇八年に閉鎖され、一八一三年には水車小屋に改装されたが、最終的には一八七三年に取り壊され、代わりに公営住宅が建てられて現在に至っている。教会の裏には晒し台が置かれ、バイヤモンテ・ティエポロの反乱（十人委員会の設立のきっかけとなった共和国に対するクーデター未遂事件）が起きた場所であることがわかる。反乱は一三一〇年に鎮圧され（晒し台は現在、コッレール美術館内の碑銘博物館に展示）、その少し先にペルゴラの水路があったが、いまは埋め立てられている。

だが、これがアルドが行き来していた街の風景であり、おそらく彼の印刷所のあった場所は、現在ピッツェリアになっている。その横はピストル（パン職人）通りで、すでにマヌーツィオの時代からその名前がついていた。あるいは、アルド印刷所は細い通りの反対側の建物にあったという説もある。

実際、そこではつい最近までパン屋が営業していたが、他のおおぜいの商店主と同じく不況のあおりを食らった年配の主人は、店を閉めざるをえなかった。だが、地域の浮き沈みについて話を聞くうちに、二十年ほど前に浄化槽を掘った際に、長さ五、六センチの錫とアンチモンの金属棒が数多く発見されたことが明らかになった。当時は誰も注目せず、他の瓦礫と一緒に捨てられてしまったが、その金属の存在が出版活動に関連していることは間違いない。錫とアンチモンは鉛を硬化するために用いられ、その合金によって頑丈な活字が作られる。その金属棒がマヌーツィオの印刷所のものだった可能性はじゅうぶん考えられる。

十五世紀末に、パン職人の店がつい最近までパン屋だった場所にあったのか、それとも店は別の場所で、そこはアルド印刷所の跡地なのかどうかはわからない。建物は、その後の時代に建てられたものだが、隣は――参考までに、ピッツェリアがある場所――はゴシック期の建物で、表玄関の上の壁には石に彫られた紋章が打ちこまれている。それが何を表わしているのかも、いつからそこにあるのかも知る由はないが、かつてはマヌーツィオの印刷所の看板、すなわち錨とイルカの看板があり、近代の本や出版業が生まれた、まさにその場所で、こんにちピザが窯から取り出されていると考えることもできる。

本とピザ――いまも昔もイタリアが誇る二大輸出品である。

謝辞

感謝リストはガエターノとカルメリーナ・サルヴァーニから始めたい。溢れんばかりの友情とやさしさをもって私を美しい家でもてなし、こんにちのバッシアーノを案内し、そこで暮らす人々、アルドの故郷を誇りに思う後継者たちを紹介してくれた。カルピでは、アートコーディネーターのマヌエラ・ロッシがカルピ時代のアルドの生活について懇切丁寧に説明してくれた。ヴェネツィアでは、骨董商のピエトロとタティアーナ・スカルパがすばらしい自宅に私を迎え入れ、ヴィットーレ・カルパッチョ作と言われるアルド・マヌーツィオの肖像画を見せてくれ、ジャンドメニコ・ロマネッリとアンドレア・ベッリエーニは彼の痕跡を辿らせてくれた。

ヴェネツィア大学およびウーディネ大学で教鞭をとるマリオ・インフェリーゼとニール・ハリス、ローザンヌ大学の言語学者ロレンツォ・トマシン、ヴェネツィアの国立マルチャーナ図書館の司書として、長きにわたってアルド・マヌーツィオを研究しているティツィアーナ・プレバーニの協力は、このうえなく意義の大きなものだ。いつもながらのミケーレ・ゴッタルディの尽力も言うまでもなく。

アントーニオ・カストロヌオーヴォ、マッシモ・ガッタ、ウンベルト・プレリアスコ、キアーラ・ニコリーニは文献目録に関する貴重な情報を提供してくれた。資料については、ミケーラ・ダル・ボルゴとパオラ・ベヌッシから助言をもらい、カルピ関連の最新情報はパドヴァ大学のエレナ・スヴァルダスによるものだ。

編集者でヴェネツィア研究者のフランコ・フィリッピには、とりわけ感謝したい。長年にわたりアルド・マヌーツィオの人生を掘り下げ、最近では彼の埋葬地に関して念入りに調べた。彼のアルド研究の成果が一日も早く出版されることを願うばかりだ。

ミラノのヴィータ＝サルーテ・サン・ラッファエーレ大学で哲学史を教えるアンドレア・タリアピエトラ教授は、哲学的な視点から示唆を与えてくれ、ミラノ大学およびヴェネツィア大学でギリシャ研究を行なっているラウラ・ペーペとオルガ・トリブラートからは、古代ギリシャに関する教示を受けた。リッカルド・オロッコのおかげで、フランチェスコ・グリッフォが突如として出版界に身を転じたことを発見し、トレヴィーゾ県コルヌーダで注目を集める印刷博物館のサンドロ・ベッラ館長によって、あらためて活字の奥深い世界を知ることができた。

フリンダース大学（オーストラリア）で古病理学を研究するフランチェスコ・M・ガラッシとエレナ・ヴァロットは、現存するアルド・マヌーツィオの肖像画を（真偽不明のものも含めて）数多く検証してくれた。

アントーニオ・〝トンチ〟・フォスカリは、ティツィアーノの『ゴッツイ祭壇画』（アンコーナ市立博物・美術館所蔵）と『ポリフィルス狂恋夢』の関連について、彼自身の考えを解説してくれた。心から恩に着る。

最後に〝簡易コンサルタント〟として、ピエラルヴィーゼ・ゾルジ、ニコラ・ベルガモ、ダヴィデ・ブサート、マッシモ・トマスッティの名を挙げておきたい。

全員に、そして、ここに名前を書き忘れた人にも、多大なる感謝を捧げる。

訳者あとがき

はじめに前言を撤回したい。

二〇一三年四月、本作品の著者アレッサンドロ・マルツォ・マーニョが十六世紀に出版の中心地だったヴェネツィアについて書いた『そのとき、本が生まれた』が刊行された。すでに二〇〇七年にAmazonから電子書籍リーダー〈kindle〉が発売され、読書のデジタル化の流れが加速しつつある時期だったこともあり、同書の訳者あとがきで「電子書籍の登場によって人間と本の関係は明らかに変わってきた」と書いた。

だが、あれから九年の歳月が流れ、今回、本書を訳す際に、心に響く文に出会った。それを読んだ瞬間、はっとして、目からウロコが落ちたように感じた。あいかわらず紙の本に愛着を抱きつつも、電子書籍の簡易性や機動性は認めざるをえず、そのたびに心の奥底にワインの澱のごとくどんどんたまっていた罪悪感のようなモヤモヤがすうっと晴れた。腑に落ちた。それは第七章の「娯楽としての読書」を締めくくる一文だ——紙から電子へと媒体は変わっても、アルドが与えてくれた読書の喜びが消えることはあるまい。

紙であろうと画面であろうと、作品のすばらしさは変わらない。羊皮紙で作られた豪華な写本と、指紋の汚れがついた端末とでは、確かにありがたみに差はあるかもしれないが、書かれている内容が同じであれば、そこから得る感動に違いはないはずだ。本を読み、美しい情景を思い浮かべ、思いもかけない出来事に遭遇する。ありきたりの日常を離れ、さまざまな冒険を追体験しつつ、登場人物と喜怒哀楽を共有する。その場にいながら、世界じゅうのどこにでも行ける。過去や未来との行き来も自由自在。驚くほど人生が豊かになる。本を読むとは、そういうことだ。あるいはオーディオブックであれば、本を聴くとは。どのような手段にせよ、本質は変わらない。いつの時代にも、本はつねに人間の支えとなる心強い存在である。

はからずもアレッサンドロ・マルツォ・マーニョが、本書の宣伝用の動画で同じ箇所について語っている。スティーブ・ジョブズがスマートフォンの必要性を生み出したように、アルド・マヌーツィオは読書の必要性を生み出した。その画期的な発明が持つ力は、五百年経ったいまなお衰えていない。

そして迎えた二〇一五年は、ちょうどアルド・マヌーツィオの没後五百年に当たる年だった。目次や文庫本、イタリック体を考案し、書物の印刷に革命を起こした「出版界のミケランジェロ」の偉大な功績を称えるべく、イタリア各地で記念行事が開催された。首都ローマでは、アルド・マヌーツィオにかけて『アンノ・マヌーツィオ（マヌーツィオの年）2015』と銘打ち、さまざまなワークショップや講演が行なわれた。ヴェネツィアでは学会、マヌーツィオの出身地であるローマ南東の小村バッシアーノでは、アルド・マヌーツィオ文字博物館で三カ月にわたる展覧会。〈Nova Charta〉社からは『Per Aldo　1515-2015 Scritti di bibliografia e bibliofilia（アルドのために　一五一五〜二〇一五　図書目録と本に対する愛）』というタイトルの本が出版された。ちなみにこれは電子書籍である。さらに日本でも、活版印刷からマヌーツィオの出版した書物をめぐる『アルドの遺伝子』展が早稲田大学総合学術情報センターで開催されている。

欧米では、活版印刷術を発明したドイツのヨハネス・グーテンベルクと並び称されるほど、マヌーツィオの知名度は高いが、残念ながら、我が国の世界史の教科書に彼の名前は見当たらない。それでも、マヌーツィオの比類なき功績を伝えるために、そうした展覧会が企画されることに希望の光を見るのは私だけではないはずだ。

著者のアレッサンドロ・マルツォ・マーニョは「忍耐」を座右の銘に、つねに謙虚な姿勢を持って日々執筆活動に勤しんでいる。綿密な調査に基づいて、あまり知られていない歴史にスポットライトを当てる作業は多大な労力を要するにちがいないが、年に一、二冊というハイペースで作品を発表し、このほど二十冊目となる『Venezia　Una storia di mare e di terra（ヴェネツィア海と陸地の歴史）』を上梓した。ヴィヴァルディの音楽をこよなく愛し、第四回十字軍を率いて一二〇四年に東ローマ帝国を滅ぼしたヴェネツィア共和国元首《ドージェ》、エンリコ・ダンドロを尊敬してやまないマーニョは、これからも故郷ヴェネツィアの埋もれた歴史を掘り起こし、後世に伝えることに情熱を注ぎつづけるだろう。いまだ謎に包まれたアルド・マヌーツィオの人生、とりわけ幼年時代や埋葬場所について、アレッサンドロ・マルツォ・マーニョなら、いずれ発掘するかもしれない。その日を楽しみに、皆さんも本のページをめくる手を止めずにいてほしい。

最後に、本書を訳す貴重な機会を与えてくださった柏書房の山崎孝泰さんと、日本ユニ・エージェンシーの吉岡泉美さんに心からの感謝を捧げます。

二〇二二年五月

清水 由貴子

Maria Gioia Tavoni, Gian Carlo Torre, *Le radici del libro. Omaggio a Aldo Manuzio*, Atti del convegno, Bassiano, 27 febbraio 2016.

Carlo Tinti, *Griffo, Francesco*, in *Dizionario biografico degli italiani*, vol. 59, Iei, Roma 2002, pp. 377-380.

Gian Carlo Torre (a cura di), *Aldo Manuzio dal folio al tascabile*, Il Levante, Latina 2015.

Natale Vacalebre (a cura di), *Five Centuries Later. Aldus Manutius: Culture, Typography and Philology*, Leo S. Olschki-Biblioteca Ambrosiana, Firenze-Milano 2018.

CarloVecce, *Aldo e l'invenzione dell'indice*, in *Aldus Manutius and Renaissance Culture, Essay of Franklin D. Murphy, Acts of an International Conference Venice and Florence, 14-17 June 1994*, Leo S. Olschki, Firenze 1998, pp. 109-141.

Klaus Wagner, *Aldo Manuzio e il prezzo dei suoi libri*, in «La Bibliofilìa», anno LXXVII, disp. I, 1975, pp. 77-82.

Edgar Wind, *Misteri pagani nel Rinascimento*, Adelphi, Milano 1971.

Unicopli/Biblioteca nazionale Marciana, Milano-Venezia 2016.
Antonio Polselli, *Aldo Manuzio. L'àncora e il delfino*, Herald, Roma 2010.
Philippe Pradel de Lamaze, *Invention et diffusion de l'humanisme: le contrefaçons lyonnaises des éditions d'Alde Manuce*, tesi di dottorato, Ecole nationale supérieure des sciences de l'information et des bibliothèques, Lyon 1995.
Carlo Pulsoni, *I classici italiani di Aldo Manuzio e le loro falsificazioni lionesi*,in «Critica del testo», V/2, 2002, pp. 477-487.
Emanuela Quaranta, *Osservazioni intorno ai caratteri greci di Aldo Manuzio*, in «La Bibliofilìa», anno LV, disp. II, 1953, pp. 123-130.
Giovanni Ragone, *Classici dietro le quinte. Storie di libri e di editori. Da Dante a Pasolini*, Laterza, Roma-Bari 2009.
Antoine-Augustin Renouard, *Annales de l'imprimerie des Alde*, Jules Renouard, Paris 1825, 3 voll.
Roberto Ridolfi, *Del carattere italico aldino del secolo XV*, in «La Bibliofilìa», anno LV, disp. II, 1953, pp. 118-122.
Manuela Rossi (a cura di), *L'immagine del principe. I ritratti di Alberto III nel palazzo dei Pio a Carpi*, Assessorato alla Cultura, Carpi 2008.
Manuela Rossi (a cura di), *Ugo. Ugo da Carpi, l'opera incisa*, Carpi 2009.
Manuela Rossi, Enzo Di Martino, *I libri belli. Aldo Manuzio, Carpi e la xilografia XVII Biennale di Xilografia contemporanea*, Apm, Carpi 2015.
Emilio Russo, *Manuzio, Aldo, il Giovane*, in *Dizionario biografico degli italiani*, vol. 69, Iei, Roma 2007.
Piero Scapecchi, *Legature 'alla greca' dal circolo di Aldo Manuzio*, in «Rara volumina», 2, 1994, pp. 5-12.
Alessandro Scarsella (a cura di), *Intorno al Polifilo. Contributi sull'opera e l'epoca di Francesco Colonna e Aldo Manuzio*, Biblion,Venezia 2005.
Alessandro Scarsella, Marco Menato (a cura di), *Ancora per Aldo Manuzio. Ai margini del V Centenario. Contributi e ricerche interdisciplinari*, in «Studi goriziani», 2018.
Scritti sopra Aldo Manuzio, Leo S. Olschki, Firenze 1955.
Luigi Stefanini, *La tempesta di Giorgione e la Hypnerotomachia di Francesco Colonna*, in «Atti e Memorie della Regia Accademia di Scienze Lettere e Arti di Padova», LVIII, 1942, pp. 1-17.
Tiziana Sterza, *Manuzio, Paolo*, in *Dizionario biografico degli italiani*, vol. 69, Iei, Roma 2007.
Tiziana Sterza, *Paolo Manuzio editore a Venezia (1533-1561)*, in «Acme, Annali della Facoltà di Lettere e Filosofia dell'Università degli Studi di Milano», vol. LXI, fasc. II, maggio-agosto 2008, pp. 123-167.

Verona 1964, vol. III, pp. 105-147.
Matteo Melchiorre, *Sanudo, Marino il Giovane*, in *Dizionario biografico degli italiani*, vol. 90, Iei, Roma 2017, pp. 498-504.
Pompeo Molmenti, *Alcuni documenti concernenti l'autore dell'*Hypnerotomachia Polyphili, in «Archivio Storico Italiano», XXXVIII, 1906, pp. 291-314.
Giorgio Montecchi, *Storia del libro e della lettura. I. Dalle origini ad Aldo Manuzio*, Mimesis, Sesto San Giovanni 2015.
Gianluca Montinaro (a cura di), *Aldo Manuzio e la nascita dell'editoria*, Leo S. Olschki, Firenze 2019.
Stanley Morison, *Early Italian Writing-Books. Renaissance to Baroque*, Edizioni Valdonega-The British Library,Verona-London 1990.
Angela Nuovo, *Il commercio librario nell'Italia del Rinascimento*, FrancoAngeli, Milano 1998.
Angela Nuovo, *Alberto Pio e Aldo Manuzio*, in Hans Semper, Ferdinand
O. Schulze, Wilhelm Barth, *Carpi. Una sede principesca del rinascimento (Dresda, 1882)*, Ets, Pisa 1999, pp. 353-356.
Angela Nuovo, *Stampa e potere in Italia: sondaggi cinquecenteschi*, in «Bibliologia», I, 2006, pp. 53-85.
Angela Nuovo, *The End of the Manutius Dynasty, 1597*, in Jill Kraye, Paolo Sachet, *The Afterlife of Aldus. Posthumous Fame, Collector and the Book Trade*,The Warburg Institute, London 2018, pp. 45-78.
April Oettinger, *The* Hypnerotomachia Poliphili: *Art and Play in a Renaissance Romance*, in «Word&Image», 27, 2011, pp. 15-30.
Riccardo Olocco, De littera veneta. *Breve trattato sul carattere inciso per il* De Aetna *di Pietro Bembo a confronto con i revival storici del XX secolo*, Inside, Bolzano 2010.
Mattia Pacilli, *Aldo o il sogno di un piccolo libro*, Accademia di vicinato, Latina 2009.
Leandro Perini, *I libri a stampa*, in *Il Rinascimento italiano e l'Europa*, vol. IV, *Commercio e cultura mercantile*, a cura di Franco Franceschi, Richard A. Goldthwaite e Reinhold C. Mueller, Fondazione Cassamarca-Angelo Colla,Treviso-Costabissara 2007, pp. 191-226.
Tiziana Plebani, *Il sigillo ignorato:Aldo Manuzio, la sua impronta e l'attenzione strabica degli storici*, in «Engramma. La tradizione classica nella memoria occidentale», rivista online, n. 132, gennaio 2016.
Tiziana Plebani (a cura di), *Aldine marciane*, Biblioteca nazionale Marciana, Venezia 2015.
Tiziana Plebani (a cura di), *Aldo al lettore.Viaggio attorno al mondo del libro e della stampa in occasione del V Centenario della morte di Aldo Manuzio*,

Mario Ferrigni, *Aldo Manuzio*, Alpes, Milano 1925.

Elena Filippi, *La pittura ripensata 1500-1508. Albrecht Dürer nello specchio della laguna*, in Giovanni Maria Fara, *Albrecht Dürer a Venezia*, Leo S. Olschki, Firenze 2018, pp. 17-28.

Silvia Fogliati, Davide Dutto, *Il giardino di Polifilo*, Franco Maria Ricci, Milano 2002.

Alfonso Garuti, *Dolcibelli, Benedetto*, in *Dizionario biografico degli italiani*, vol. 40, Iei, Roma 1991, pp. 435-438.

Massimo Gatta, Ludovica Gatta, *L'Aldo degli scrittori. La figura e l'opera di Aldo Manuzio nell'immaginario narrativo (secoli XVI-XXI)*, Bibliohaus, Macerata 2018.

Hypnerotomachia Castrinovi (con un testo di Antonio Castronuovo e xilografie di Michela Mascarucci), Babbomorto Editore, Imola 2020.

Mario Infelise, *Manuzio, Aldo, ilVecchio*, in *Dizionario biografico degli italiani*, vol. 69, Iei, Roma 2007, pp. 236-245.

Mario Infelise (a cura di), *Aldo Manuzio. La costruzione del mito*, Marsilio, Venezia 2016.

Johannes M.P. Knoops, *In Search of Aldus Pius Manutius a campo Sant'Agostin*, Damocle Edizioni,Venezia 2018.

Laura Lepri, *Del denaro o della gloria. Libri, editori e vanità nella Venezia del Cinquecento*, Mondadori, Milano 2012.

Martin Lowry, *Il mondo di Aldo Manuzio. Affari e cultura nella Venezia del Rinascimento*, Il Veltro, Roma 1984.

Domenico Maria Manni, *Vita di Aldo Pio Manuzio insigne restauratore delle lettere greche e latine in Venezia*, Giambattista Novelli, Venezia 1759.

Aldus Manutius, *Humanism and the Latin Classics*, traduzione e cura di John N. Grant, The I Tatti Renaissance Library-Harvard University Press, Cambridge (Ma)-London 2017.

Aldo Manuzio, *La voce dell'editore. Prefazioni e dediche*, a cura di Mario Infelise e Tiziana Plebani, Marsilio,Venezia 2015.

Aldo Manuzio, *Lettere prefatorie a edizioni greche*, a cura di Claudio Bevegni, Adelphi, Milano 2017.

Aldo Manuzio, *Lettere e documenti 1495-1515. Raccolti e annotati da Armand Baschet a cura di Matteo Noja per l'edizione italiana*, La Vita Felice, Milano 2018.

Susy Marcon, Marino Zorzi (a cura di), *Aldo Manuzio e l'ambiente vene- ziano 1494-1515*, Il Cardo,Venezia 1994.

Giovanni Mardersteig, *Aldo Manuzio e i caratteri di Francesco Griffo da Bologna*, in *Studi di bibliografia e di storia in onore di T. De Marinis*,Valdonega,

Maria Teresa Casella, Giovanni Pozzi, *Francesco Colonna. Biografia e opere*, Antenore, Padova 1959, 2 voll.

Alfredo Cioni, *Bissoli, Giovanni*, in *Dizionario biografico degli italiani*, vol. 10, Iei, Roma 1968, pp. 701-703.

Graziano Paolo Clerici, *Tiziano e la* Hypnerotomachia Polyphili, in «La Bibliofilia», XX, 1918, pp. 183-203, 240-248.

James Clough, *Aldo, Francesco e il* De Aetna. *La fortuna del carattere inciso da Griffo per Manuzio nel dialogo di Bembo*, Fondazione tipoteca italiana, Cornuda 2005.

Stefano Colonna, *La fortuna critica dell'*Hypnerotomachia Poliphili, CAM, Roma 2009.

Giacomo Comiati (a cura di), *Aldo Manuzio editore, umanista e filologo*, Ledizioni, Milano 2019.

Maria Eleonora Cucurnia, *Le innovazioni editoriali di Aldo Manuzio*, Oblique, Roma 2009.

Martin Davies, *Aldus Manutius. Printer and Publisher of Renassaince Venice*, The British Library, London 1995.

Martin Davies, Neil Harris, *Aldo Manuzio. L'uomo, l'editore, il mito*, Carocci, Roma 2019.

Manlio Dazzi, *Aldo Manuzio e il dialogo veneziano di Erasmo*, Neri Pozza, Vicenza 1969.

Cesare De Michelis, *Aldo Manuzio e l'umanesimo veneziano*, in *Aldo Manuzio: il rinascimento di Venezia*, Marsilio, Venezia 2016.

Flavia De Nicola, Equus infoelicitatis: *analisi iconografica di una xilografia dell'*Hypnerotomachia Poliphili *fra testo e immagine*, in «BTA – Bollettino Telematico dell'Arte», 4 aprile 2015, n. 765, www.bta.it/txt/a0/07/ bta00765.html

Carlo Dionisotti, *Aldo Manuzio umanista e editore*, Il Polifilo, Milano 1995.

Cristina Dondi (a cura di), *Printing R-Evolution and Society 1450-1500. Fifty Years that Changed Europe*, Edizioni Ca' Foscari,Venezia 2020.

Lamberto Donati, *La seconda Accademia Aldina ed una lettera ad Aldo Manuzio trascurata dai bibliografi*, in «La Bibliofilìa», anno LIII, 1951, disp. unica, pp. 54-59.

Lamberto Donati, *Polifilo a Roma: le rovine romane*, in «La Bibliofilìa», anno LXXVII, 1975, disp. I, pp. 37-64.

Albrecht Dürer, *Lettere da Venezia*, a cura di Giovanni Maria Fara, Electa, Milano 2007.

Erasmo da Rotterdam, Opulentia sordida *e altri scritti attorno ad Aldo Manuzio*, a cura di Lodovica Braida, Marsilio, Venezia 2014.

Lucien Febvre, Henri-Jean Martin, *La nascita del libro*, Laterza, Roma-Bari 1985.

参考文献

Aldo Manuzio editore. Dediche, prefazioni, note ai testi, introduzione di Carlo Dionisotti, testo latino con traduzione e note a cura di Giovanni Orlandi, Il Polifilo, Milano 1975.

Aldo Manuzio: il rinascimento di Venezia, Marsilio, Venezia 2016.

Aldo Manuzio, un umanista in tipografia, in «Notiziario bibliografico della Giunta regionale del Veneto», 71, numero monografico, 2015.

Bruno Andreolli, *Pico, Caterina*, in *Dizionario biografico degli italiani*, vol. 83, Iei, Roma 2015, pp. 257-258.

Davide Baldi, *Aldo Manuzio, la* Suda *e l'ordine alfabetico*, in «Medioevo greco. Rivista di storia e filologia bizantina», 16, 2016, pp. 15-24.

Luigi Balsamo, *Chi leggeva* Le cose volgari *del Petrarca nell'Europa del '400 e '500*, in «La Bibliofilia», CIV, 2002, pp. 247-266.

Frédéric Barbier, *Storia del libro. Dall'antichità al XX secolo*, Dedalo, Bari 2004.

Nicolas Barker, *Stanley Morison*, Harvard University Press, Cambridge (Ma) 1972.

Helen Barolini, *Aldus and His Dream Book*, Italica Press, New York NY 1992.

Guido Beltramini, Davide Gasparotto, Adolfo Tura (a cura di), *Pietro Bembo e l'invenzione del Rinascimento*, Marsilio, Venezia 2013.

Luciana Bigliazzi,Angela Dillon Bussi, Giancarlo Savino, Piero Scapecchi (a cura di), *Aldo Manuzio tipografo 1494-1515*, Octavo Franco Cantini Editore, Firenze 1994.

Erin Mae Black, *La prolusione di Luca Pacioli del 1508 nella chiesa di San Bartolomeo e il contesto intellettuale veneziano*, in Natalino Bonazza, Isabella di Lenardo, Gianmario Guidarelli (a cura di), *La chiesa di San Bartolomeo e la comunità tedesca a Venezia*, Marcianum Press, Venezia 2013, pp. 87-104.

Vittore Branca, *L'umanesimo veneziano alla fine del Quattrocento. Ermolao Barbaro e il suo circolo*, in *Storia della cultura veneta. Dal primo Quattrocento al Concilio di Trento*, 3/I, Neri Pozza, Vicenza 1980, pp. 123-175.

Maria Teresa Caciorgna, *Presenza ebraica nel Lazio meridionale: il caso di Sermoneta*, in *Aspetti e problemi della presenza ebraica nell'Italia centro-settentrionale (secoli XIV e XV)*, a cura di Sofia Boesch Gajano, «Quaderni di scienze storiche dell'Università di Roma», 27, 1983, pp. 127-173.

Roberto Calasso, *Come ordinare una biblioteca*, Adelphi, Milano 2020.

Rinaldo Fernando Canalis, Massimo Ciavolella (a cura di), *Andreas Vesalius and the Fabrica in the Age of Printing. Art, Anatomy and Printing in the Italian Renaissance*, Brepols,Turnhout 2018.

参照した一次資料

Archivio di Stato, Mantova
Archivio Gonzaga, busta 1440, fogli 278, 497, 499; busta 1441, foglio 515.
Autografi, busta 8, fascicolo 14, fogli 157, 158, 159, 160, 161, 162, 163, 164.

Archivio di Stato, Milano
Autografi, cartella 141, fascicolo 12, Tomaso De Luca, Venezia 6 marzo 1790.

Archivio di Stato, Venezia
Notarile, testamenti, 765, 2, n. 260, 27 marzo 1506.
Notarile, testamenti, 675, 1, n. 37, 16 gennaio 1514 mv/1515.
Capi del consiglio de' Dieci, Ricordi o raccordi, 1480-1739, 3, Aldo Manuzio il Giovane, 23 dicembre 1577.

Biblioteca Ambrosiana, Milano
E 36 inf, foglio 45, Aldo a Giovanni Collaurio, 8 settembre 1505.

Biblioteca nazionale Marciana, Venezia
Gr Z, 622 (= 851) *Lexicon* di Esichio di Alessandria.

Biblioteca Querini Stampalia, Venezia
Cl.VI Cod. 4 (= 1043) *Degli Asolani di M. Pietro Bembo; ne quali si ragiona d'Amore; donati dallui a Madonna.*
Cl. VII Cod. 2 (= 1274) *Alti Manducii ad Christophorum Fuliginatem de diphtongis graecis et ut latinae fiant libellus. Carte 31r-34v.*

soceri, agosto 1514.

Marco Fabio Quintiliano, *M.F. Quintilianus* (in latino), in aedibus Aldi et Andreae soceri, agosto 1514.

Iacopo Sannazzaro, *Arcadia del Sannazzaro* (in volgare), nelle case d'Aldo Romano, settembre 1514.

Valerio Massimo, *Exempla quatuor et viginti nuper inuenta ante caput de ominibus* (in latino), in aedibus Aldi et Andreae soceri, ottobre 1514.

Publio Virgilio Marone, *Vergilius* (in latino), in aedibus Aldi et Andreae soceri, ottobre 1514.

Publio Virgilio Marone, *Eneide* (in latino), 1514?

Lucrezio Caro, *De rerum natura* (in latino), in aedibus Aldi et Andreae soceri, gennaio 1515.

Aldo Manuzio, *Grammaticae institutiones graeca*e (in greco e latino), a cura di Marco Musuro, in aedibus Aldi et Andreae soceri, novembre 1515.

marzo 1509.
Orazio, *Poemata* (in latino), apud Aldum Romanum, marzo 1509.
Sallustio, *De coniuratione Catilinae* (in latino), in aedibus Aldi et Andreae Asulani soceri, aprile 1509.
Rhetores Graeci II (in greco e latino), in aedibus Aldi, maggio 1509.
Manuele Crisolora, *Erotemata* (in greco), in aedibus Aldi, 1512.
Costantino Lascaris, *De octo partibus orationis* (in greco e latino), apud Aldum, ottobre 1512.
Giovanni Pontano, *Opera* (in latino), in aedibus Aldi et Andreae Asulani soceri, 1513.
Pindaro, *Olympia. Pythia. Némea* (in greco e latino), in aedibus Aldi et Andreae Asulani soceri, gennaio 1513.
TitoVespasiano Strozzi, Ercole Strozzi, *Strozii poetae pater et filius* (in greco e latino), in aedibus Aldi et Andreae Asulani soceri, 1513.
Aristotele, *De natura animalium* (in latino), in aedibus Aldi et Andreae Asulani soceri, febbraio 1513.
Caio Giulio Cesare, *Commentarii de bello gallico* (in latino), in aedibus Aldi et Andreae soceri, aprile 1513.
Oratores Graeci (in greco e latino), in aedibus Aldi et Andreae soceri, 4 maggio 1513.
Marco Tullio Cicerone, *Epistolae ad Atticum* (in latino), in aedibus Aldi et Andreae soceri, giugno 1513.
Alessandro di Afrodisia, *In Topica Aristotelis commentarii* (in greco e latino), in aedibus Aldi et Andreae soceri, settembre 1513.
Platone, *Opera* (in greco e latino), in aedibus Aldi et Andreae soceri, settembre 1513.
Niccolò Perotti, *Cornucopiae* (in latino), in aedibus Aldi et Andreae soceri, novembre 1513.
Demostene, *Orationes* (in greco e latino), in aedibus Aldi, novembre 1504, i.e. 1513.
Suida, *Lessico* (in greco e latino), in aedibus Aldi et Andreae soceri, febbraio 1514.
Marco Tullio Cicerone, *Retoricorum ad Herennium* (in latino), in aedibus Aldi et Andreae soceri, marzo 1514.
Libri de re rustica (in latino), in aedibus Aldi et Andreae soceri, maggio 1514.
Ateneo Naucratita, *Deipnosofisti* (in greco e latino), apud Aldum et Andream socerum, agosto 1514.
Francesco Petrarca, *Il Petrarcha* (in volgare), nelle case d'Aldo Romano, agosto 1514.
Esichio di Alessandria, *Lexicon* (in greco e latino), in aedibus Aldi et Andreae

Publio Ovidio Nasone, *Fastorum. De Tristibus. De Ponto* (in latino), in academia Aldi, febbraio 1503.

Luciano di Samosata, *Icones Philostrati* (in greco), in aedibus Aldi, giugno 1503.

Ammonio di Ermia, *Commentaria* (in greco), apud Aldum, posteriore al 1503.

Bassarione, *In calumniatorem Platonis* (in latino), in aedibus Aldi Romani, luglio 1503.

Giorgio Gemisto Pletone, *Ex Diodori, et Plutarchi historiis* (in greco e latino), in Aldi Neacademia, ottobre 1503.

Ulpiano, *Commentarioli in olynthiacas* (in greco), apud Aldum, ottobre 1503.

Senofonte, *Xenophontis omissa: quae et graeca gesta appellantur* (in greco e latino), in Aldi Neacademia, ottobre 1503.

Anthologia Graeca, *Florilegium diversorum epigrammatum* (in greco e latino), in aedibus Aldi, novembre 1503.

Giovanni Filopono, *In Posteriora resolutoria Aristotelis commentaria* (in greco e latino), apud Aldum, marzo 1504.

Scipione Forteguerri, *Oratio de laudibus literarum Graecarum* (in latino), ex Aldi Neacademia, maggio 1504.

Poetae christiani veteres, *Opera* (in latino), ex Aldi Academia, vol. III, giugno 1504.

Giovanni Stefano Emiliano, *Encomiastica* (in latino), apud Aldum, agosto 1504.

Omero, *Iliade*, *Odissea* (in greco e latino), 1504.

Quinto Smirneo, *Derelictorum ab Homero* (in greco), 1505.

Pietro Bembo, *Gli Asolani* (in volgare), nelle case d'Aldo Romano, marzo 1505.

Giovanni Aurelio Augurelli, *Carmina* (in latino), in aedibus Aldi, aprile 1505.

Horae in laudem beatissimae Virginis (in latino), apud Aldum, luglio 1505.

Giovanni Pontano, *Opera* (in latino), in aedibus Aldi Romani, agosto 1505.

Adriano Castellesi, *Adriani cardinalis Sancti Chrysogoni ad Ascanium cardinalem Venatio* (in latino), apud Aldum, settembre 1505.

Esopo, *Vita et fabellae* (in greco e latino), apud Aldum, ottobre 1505.

Publio Virgilio Marone, *Vergilius* (in latino), 1505.

Euripide, *Hecuba, et Iphigenia in Aulide* (in latino, traduzione di Erasmo da Rotterdam), in aedibus Aldi, dicembre 1507.

Erasmo da Rotterdam, *Adagia* (in greco e latino), in aedibus Aldi, set- tembre 1508.

Aftonio, *Hermogenis ars retorica* (in greco e latino), in aedibus Aldi, novembre 1508.

Plinio Cecilio Secondo, *Epistolarum libri decem* (in latino), in aedibus Aldi et Andreae Asulani soceri, novembre 1508.

Rethores Graeci I (in greco e latino), in aedibus Aldi, novembre 1508.

Plutarco, *Opuscula* (in greco e latino), in aedibus Aldi et Andreae Asulani soceri,

Bernardo Giustinian, *Oratio ad Ludovicum XI galliarum regem* (in latino), apud Aldum, 1501.

Marco Valerio Marziale, *Martialis* (in latino), in aedibus Aldi, dicembre 1501.

GiorgioValla, *De expetendis et fugiendis rebus opus* (in latino), in aedibus Aldi Romani, dicembre 1501.

Nonno di Panopoli, *Nonnou Poietou Panopolitou* (in greco), circa 1501.

Costantino Lascaris, *De octo partibus orationis* (in greco, latino, ebraico),apud Aldum, tra 1501 e 1503.

Poetae christiani veteres, *Opera* (in latino), apud Aldum, vol. I gennaio 1502, vol. II aprile 1502.

Terenzio Florenio, *Apologia* (in latino), 1502.

Gaio Valerio Catullo, *Catullus. Tibullus. Propertius* (in latino), in aedibus Aldi, gennaio 1502.

Stefano di Bisanzio, *De urbibus* (in greco e latino), apud Aldum Romanum, gennaio 1502.

Lucio Flavio Filostrato, *De vita Apollonii Tyanei* (in greco e latino), in aedibus Aldi, febbraio 1502.

Marco Tullio Cicerone, E*pistolae familiares* (in latino), in aedibus Aldi, aprile 1502.

Giulio Polluce, *Vocabolarium* (in greco e latino), apud Aldum, aprile 1502.

Marco Anneo Lucano, *Lucanus* (in latino), apud Aldum, aprile 1502.

Tucidide, *Thucydides* (in greco), in domo Aldi, maggio 1502.

Sofocle, *Tragediae septem* (in greco), in Aldi Romani Academia, agosto 1502.

Dante Alighieri, *Le terze rime* (in volgare), in aedibus Aldi, agosto 1502.

Publio Papinio Stazio, *Statii Sylvarum* (in greco e latino), in aedibus Aldi, agosto 1502.

Erodoto, *Libri nove*m (in greco e latino), in domo Aldi, settembre 1502.

Giorgio Interiano, *La vita et sito de Zychi chiamati Ciarcassi* (in volgare e latino), apud Aldum, ottobre 1502.

Giovanni Battista Egnazio, *Oratio in laudem Benedicti Priunuli* (in latino), ex academia Aldi Romani, ottobre 1502.

Valerio Massimo, *Dictorum et factorum memorabilium* (in latino), in aedibus Aldi Romani, ottobre 1502.

Publio Ovidio Nasone, *Metamorphoseis* (in greco e latino), in aedibus Aldi, ottobre 1502.

Publio Ovidio Nasone, *Herodium epistolae* (in greco e latino), in aedibus Aldi Romani, dicembre 1502.

Euripide, *Tragoediae* (in greco), apud Aldum, febbraio 1503.

Origene, *In Genesim homiliae* (in latino), in aedibus Aldi Romani, febbraio 1503.

luglio 1497.
Giamblico, *De mysteriis Aegyptiorum* (in latino), in aedibus Aldi, settembre 1497.
Giovanni Crastone, *Lexicon Graeco-latinum* (in greco e latino), in aedibus Aldi Manutii Romani, dicembre 1497.
Horae: ad usum Romanum (in greco), Enetiesin etypothe par'Aldo, 5 dicembre 1497.
Urbano Bolzanio, *Institutiones Graecae grammatices* (in greco e latino), in aedibus Aldi Manutii Romani, gennaio 1497 *mv*/1498.
Angelo Poliziano, *Opera* (in latino), in aedibus Aldi Romani, luglio 1498.
Aristofane, *Comoediae novem* (in greco), a cura di Marco Musuro, apud Aldum, 14 luglio 1498.
Psalterium (in greco), a cura di Giustino Decadio, en oikeíai Aldou tou Manoutíou, non posteriore al 1° ottobre 1498.
Nicolò Leoniceno, *De Tiro seu Vipera* (in latino), 1498 circa.
Epistolae diversorum philosophorum (in greco), apud Aldum, 1499.
Niccolò Perotti, *Cornucopiae* (in latino), in aedibus Aldii, luglio 1499.
Dioscoride Pedanio, *De materia medica* (in greco), apud Aldum, posteriore all'8 luglio 1499.
Girolamo Amaseo, *Vaticinium* (in latino), 20 settembre 1499.
Giulio Firmico Materno, *Astronomicorum libri octo* (in latino), cura & diligentia Aldi Romani, ottobre 1499.
Francesco Colonna, *Hypnerotomachia Poliphili* (in volgare), in aedibus Aldi Manutii, accuratissime, dicembre 1499.
Aldo Manuzio, *Introductio utilissima Hebraice discere cupientibus* (in latino), 1500?
Santa Caterina da Siena, *Epistole devotissime* (in volgare), in casa de Aldo Manutio Romano, 15 settembre 1500.
Tito Lucrezio Caro, *De rerum natura* (in latino), accuratissime, apud Aldum, dicembre 1500.
Giovanni Francesco Pico della Mirandola, *Liber de imaginatione* (in latino e greco), apud Aldum Romanum, aprile 1501.
Publio Virgilio Marone, *Vergilius* (in latino), ex aedibus Aldi Romani, aprile 1501.
Quinto Orazio Flacco, *Horatius* (in latino), apud Aldum Romanum, maggio 1501.
Francesco Petrarca, *Le cose vulgari* (in volgare), nelle case d'Aldo Romano, luglio 1501/1508.
Decimo Giulio Giovenale,Aulo Persio Flacco, *Iuvenalis*, *Persius* (in latino), in aedibus Aldi, agosto 1501.
Girolamo Donati, *Ad gallorum rege horatio* (in latino), apud Aldum, dicembre 1501.

アルドの出版物リスト*

Aldo Manuzio, *Musarum Panegyris* (in latino), Baptista de Tortis, 1489.

Aldo Manuzio, *Institutiones grammaticae* (in latino), summa diligentia, 8 marzo 1493, Andrea Torresani; con il titolo *Rudimenta grammatices*, febbraio/giugno 1501; apud Aldum, aprile 1508; in aedibus Aldi et Andreae soceri, novembre 1515.

Costantino Lascaris, *Erotemata* (in greco e latino), litteris ac impensis Aldi Manucii Romani, 28 febbraio 1494-8 marzo 1495.

Museo Grammatico, *Opusculum de Herone e Leandro* (in greco), con versione latina di Marco Musuro, Aldou tou filellinos kai romaiou, anteriore al novembre 1495 il greco, 1497 il latino.

Aristotele, *Opera* (in greco), 5 voll., con lavori di Galeno (II), Filone di Alessandria (II),Teofrasto (II-IV), Alessandro di Afrodisia (IV), dexteritate Aldi Manucii Romani, 1495-1498.

Teodoro Prodromo, *Galeomyomachia* (in greco), a cura di Aristobulo Apostolio, 1495 circa.

Teodoro Gaza, *Grammatica introductiva* (in greco e latino), in aedibus Aldi Romani, 25 dicembre 1495.

Pietro Bembo, *De Aetna dialogus* (in latino), in aedibus Aldi Romani, febbraio 1495 *mv*/1496.

Teocrito, *Eclogae* (in greco e latino), characteribus ac studio Aldi Manucii Romani, febbraio 1495 *mv*/1496.

Thesaurus cornucopiae et Horti Adonis (in greco e latino), a cura di Aldo Manuzio e Urbano Bolzanio, in domo Aldi Romani, agosto 1496.

Alessandro Benedetti, *Diaria de bello Carolino*, posteriore al 26 agosto 1496.

Marco Tullio Cicerone, *Synonyma* (in latino), 1497 circa.

Aldo Manuzio, *Brevissima introductio ad litteras graecas* (in greco e latino), 1497.

Nicolò Leoniceno, *Libellus de epidemia quam vulgo morbum gallicum vocan*t, in domo Aldi Manutii, giugno 1497.

Lorenzo Maiolo, *De gradibus medicinarum* (in latino), 1497.

Lorenzo Maiolo, *Epiphyllides in dialecticis* (in latino), in domo Aldi Romani,

＊ヴェネツィア共和国では一年が三月一日に始まったため、一月と二月に出版された本は、ヴェネツィアの習慣に従って前年に含めている（ここではmvと表記）。

■ン

■ ヤ行

■ ラ行

■ マ行

■ タ行

■ ナ行

■ ハ行

■ サ行

■ カ行

索 引

■ ア行

【著者紹介】
アレッサンドロ・マルツォ・マーニョ Alessandro Marzo Magno
ヴェネツィア生まれ。ヴェネツィア大学でヴェネト史を専攻。週刊誌『ディアーリオ』の海外ニュース担当責任者として約十年間活躍した。おもな著書に『そのとき、本が生まれた』（柏書房）、『ゴンドラの文化史 運河をとおして見るヴェネツィア』（白水社）、Gli eroi e le eroine che salvarono i capolavori italiani saccheggiati da Napoleone e da Hitler（ナポレオンとヒトラーに略奪されたイタリア名画を救出した英雄たち）などがある。現在ミラノ在住。

【訳者紹介】
清水 由貴子（しみず・ゆきこ）
東京都生まれ。上智大学外国語学部卒。翻訳家。おもな訳書に、マルツォ・マーニョ『そのとき、本が生まれた』（柏書房）、セルヴェンティ、サバン『パスタの歴史』（原書房）、ダツィエーリ『パードレはそこにいる』（早川書房）、ホランド『食べる世界地図』（エクスナレッジ）、ヤング『ニール・ヤング回想』（河出書房新社）などがある。

初《はじ》めて書籍《しょせき》を作《つく》った男《おとこ》——アルド・マヌーツィオの生涯《しょうがい》

2022年7月10日　第1刷発行

著　者　アレッサンドロ・マルツォ・マーニョ

訳　者　清水由貴子

発行者　富澤凡子

発行所　柏書房株式会社
東京都文京区本郷2-15-13（〒113-0033）
電話 (03)3830-1891［営業］
(03)3830-1894［編集］

装　丁　森裕昌
組　版　有限会社クリエイト・ジェイ
印　刷　壮光舎印刷株式会社
製　本　株式会社ブックアート

ISBN978-4-7601-5460-9